Considérant, Victor

Du Texas, rapport à mes amis

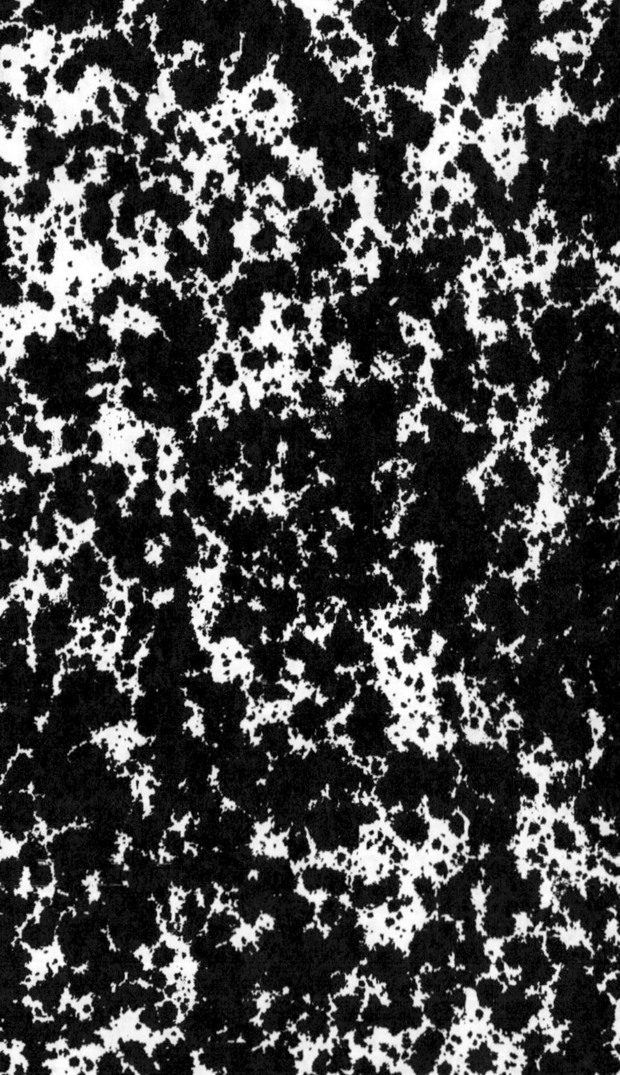

DU TEXAS

PREMIER RAPPORT

A MES AMIS

PAR

VICTOR CONSIDÉRANT

PARIS

LIBRAIRIE SOCIÉTAIRE

RUE DE BEAUNE, 2

1857

DU TEXAS

PREMIER RAPPORT

A MES AMIS

PAR

VICTOR CONSIDERANT

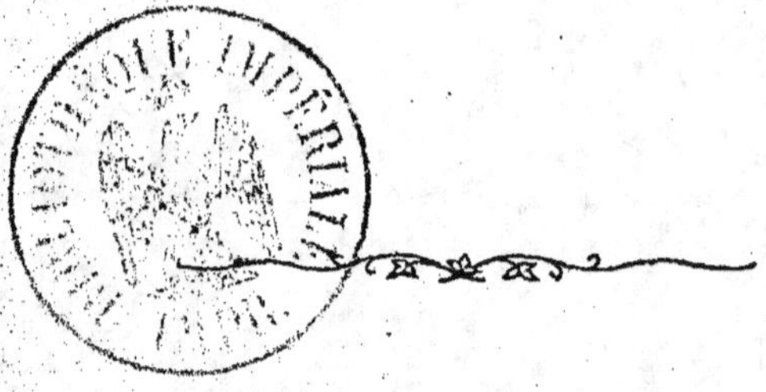

PARIS

LIBRAIRIE SOCIÉTAIRE

RUE DE BEAUNE, 6.

1857

DU TEXAS

PREMIÈRE RÉPONSE

À MES CRITIQUES

PAR

VICTOR CONSIDÉRANT

(C.)

PARIS
LIBRAIRIE SOCIÉTAIRE
1854

DU TEXAS

PREMIER RAPPORT A MES AMIS

PREMIÈRE PARTIE

I

Je reprends la parole après bientôt trois années de silence, — d'un silence auprès duquel celui de la mort eût été doux.

Je reprends la parole après trois années, pendant deux desquelles la plus grande partie des fonds disponibles de la Société de Colonisation, dont j'étais le fondateur et le chef, ont été engloutis, sous mes yeux, dans des opérations non pas peu conformes, mais formellement contradictoires au plan proposé par moi, adopté par vous tous, et à l'esprit des Statuts qui avaient codifié les idées de ce plan.

Après ces trois années, qui eussent dû suffire à lancer nos affaires en pleine prospérité, en plein développement de concours ascendants, en pleine réalisation de ce que j'avais tenu pour assuré, et même à les mettre sur la voie de tout ce que j'avais considéré comme ultérieurement possible, je reprends la parole, parce que je puis enfin vous dire, en sincérité, que la marche vers une ruine certaine, vers une chute misérable, vers un engloutissement désastreux des dernières ressources et des dernières espérances que nous avions mises en commun dans cette œuvre commune, est enfin arrêtée !

Quand ces deux idées, — ce que j'aurais dû avoir à dire aujourd'hui, et ce qu'aujourd'hui je dois m'estimer heureux de pouvoir vous dire, — quand ces deux idées se dressent toutes deux et se mesurent face à face dans ma pensée, il se fait soudain encore une telle amertume et un tel ébranlement dans mon âme, que je suis obligé de les chasser immédiatement toutes deux; de les chasser, car je n'ai pu parvenir encore ni à assoupir l'âpreté, ni à diminuer l'irritation de ce conflit.

Il faut pourtant que j'y revienne, à ces années, à ce passé, à cet enfer, dont le simple souvenir siffle encore en moi comme un fer rouge trempé dans la chair vive.

Aujourd'hui en effet que je peux et que je dois recommencer à vous parler, je ne le saurais faire sans vous expliquer, brièvement au moins, ce passé, — ce passé que je ne peux anéantir. Quant je romps un silence qui a duré près de trois ans, il faut bien que vous sachiez pourquoi j'ai gardé ce silence étrange. Vous l'allez apprendre.

J'ai été *écrasé*, avant d'avoir seulement remis le pied au Texas. Ce que j'ai souffert, je n'essayerai pas même de le dire. Que je ne sois pas mort mille fois, c'est ce que je ne puis comprendre, maintenant que, depuis deux mois, je me trouve cependant ressuscité.

Vous savez dans quelles circonstances j'ai quitté l'Europe. Un plan mûri, logiquement exposé dans ses phases successives, adopté par tous; un appel répondu avec enthousiasme sur toutes nos lignes, des espérances superbes. Moi, qui toute ma vie ai tant craint de compromettre les autres, même pour le service de la cause à laquelle toute ma vie a été vouée, je ne craignais plus, cette fois, de pousser et d'engager, corps et biens, personne. Rappeler cela c'est, je crois, tout dire. Avec ce que je savais du pays où je vous avais appelés, avec le plan sanctionné par l'adoption commune, avec le mouvement déjà créé, que je ne considérais encore que comme un point de départ et une mise en branle, j'étais sûr de tout.

II

Avant mon départ il avait été convenu que, la saison le permettant encore, on expédierait en même temps que moi les éléments propres à la création d'une pépinière. Des plants et des graines, mis en terre sur un point quelconque où l'on établirait une station provisoire, un lieu où recevoir les lettres, où concentrer les premiers rapports, un pied à terre nécessaire en tout état de cause, c'était gagner une année pour l'introduction, l'acclimatation et l'expérimentation de ces précieux éléments — qui ne trouvent leur saison de voyage qu'une fois en douze mois. J'ai été l'auteur de cette idée, qui paraissait très-sage, et qui a été l'origine de tout le mal.

J'avais en outre, moi-même, émis et admis l'hypothèse que si, une fois sur les lieux, nous pouvions, — et j'avais alors des raisons de croire cela possible, — faire à bon compte l'acquisition du fort Worth, — où j'avais vu des bâtiments capables d'abriter 100 et peut-être 150 travailleurs, des jardins en plein rapport, etc. ; si nous pouvions acquérir également quatre ou cinq lieues carrées de terres ambiantes, et si le fort Worth se trouvait, comme aussi je le supposais alors probable, devoir être à la base de quelqu'une des grandes acquisitions territoriales que nous aurions à faire, rien n'empêcherait que la première phase de préparation coloniale qui, dans mon plan, devait être dévolue à des salariés pris en Amérique, fût en grande partie exécutée déjà par des pionniers européens, destinés à devenir eux-mêmes des éléments intégrants de la colonisation.

Dans ces prévisions, nous avions étudié nos listes, pointé les éléments les plus propres à figurer dans ces opérations, et j'avais laissé la *Convention provisoire* comme « un protocole » ouvert à l'adhésion de nos amis, et permettant de faire dès » aujourd'hui des propositions déterminées, lesquelles devront » être adressées en Europe à la Gérance, et en Amérique à » l'Agence exécutrice, » (*Au Texas*, 2ᵉ éd., p. 314 et 321) afin que, ces prévisions se réalisant, le travail de formation de ce noyau se trouvât dégrossi et aussi avancé que possible.

Arrivé à New-York j'y trouvai des déceptions sérieuses. Je compris vite que le concours sur lequel j'avais cru pouvoir compter, de la part de nos amis d'Amérique, se réduirait à bien peu de choses au début et attendrait, pour se prononcer, que nous eussions déjà réussi. D'autre part, la loi de la Réserve, les conséquences territoriales, les appropriations de la compagnie Peters, etc., — toutes choses dont je n'avais pas été le moins du monde informé en Europe ! — constituaient, dans les circonstances générales, des changements fâcheux. Vous connaissez ces faits, traités en détail d'ailleurs dans une brochure rapidement écrite et publiée à New-York, et où je dus chercher à en tirer, dans nos intérêts, — comme aussi dans l'intérêt bien entendu du Texas sans aucun doute, — le meilleur parti possible. Je passe sur ces faits, — et sur un autre qui me causa pourtant de vives inquiétudes, — parce que, après tout, pour fâcheux qu'ils fussent les uns et les autres, je n'y vis rien de réellement compromettant pour nos projets. Sans doute ces faits entraîneraient une élévation générale dans les prix de nos premières acquisitions ; sans doute les grands espaces que j'avais vus vacants entre Brazos et Trinité, qu'on m'avait assuré devoir l'être pour dix années encore, et où j'avais considéré comme le plus probable que nous devions choisir nos premiers grands emplacements, n'étaient plus libres et accessibles comme en 1853 ; mais, même dans l'hypothèse de cette accessibilité facile, il n'y avait, dans ce choix, rien d'impératif. Mon projet, conforme au texte formel de mon livre, et bien arrêté en Europe, était, après avoir passé quelques jours seulement au lieu, quel qu'il fût, où serait notre pied à terre, d'en partir avec quelques-uns de ceux que j'y devais trouver, pour visiter toute la ligne de l'Ouest, depuis Corpus-Christi sur le golfe jusqu'à la rivière Rouge.

Il n'y avait donc, dans ces faits nouveaux, qu'une certaine augmentation probable dans les prix des premières acquisitions, et plus d'incertitude préalable sur les lieux où nous devrions choisir nos premiers emplacements. Ces inconvénients pouvaient d'ailleurs être compensés par des avantages dus au mouvement même qui les avait produits, et je savais fort bien qu'après tout la terre ne nous manquerait pas aux frontières de l'Ouest. En somme, si je fus contrarié, je ne fus pas le moins du monde ébranlé par ces faits.

Qu'est-ce donc qui m'a jeté à terre, broyé, écrasé, cadavre respirant, — état bien pire que celui du cadavre mort ? — Je vais vous le dire.

III

Déjà, avant mon départ d'Europe, malgré les avertissements de mon livre, malgré toutes mes paroles, malgré tous les efforts continuellement répétés et renouvelés dans ce sens, j'avais vu avec peine et quelque souci la précipitation avec laquelle s'étaient obstinés à partir un certain nombre de personnes de Louvain. Mes remontrances ayant été vaines, comme, en fin de compte, les partants étaient tous garçons, la plupart jeunes, plusieurs à leur aise et les autres ayant dans leurs bras leurs moyens d'existence, je pris mon parti de leur départ, mais non sans avoir pris mes précautions avec eux.

Je leur exposai qu'ils partaient malgré mes avis, qu'ils allaient en Amérique parce qu'ils *le voulaient*, qu'ils se rendraient au Texas si bon leur semblait, qu'ils iraient, à leur gré, partout ailleurs; qu'ils étaient et resteraient sans aucune sorte d'engagements explicite ou implicite avec la Société ou avec moi ; que seulement, quand on serait à terre, comme il y aurait à conduire des plantes et quelque matériel appartenant à la Société, ceux qui jugeraient à propos de se joindre à l'expédition seraient alors, et pour ce cas seul, soumis aux prescriptions de celui qui aurait la charge et la responsabilité du convoi avec lequel il leur plairait de marcher. Je ne me contentai pas d'exposer cela verbalement à tous et à chacun. J'en fis l'objet d'une instruction écrite, dont je leur fis lecture à Anvers où je la remis à Cousin, — qui devait partir avec moi, et que, par un sentiment de sollicitude pour ceux-ci, facile à comprendre, j'engageai à s'embarquer avec eux. Cousin et le malheureux jeune Deguelle furent les deux seules personnes qui, — une fois ce départ, que je ne pus empêcher, décidé, — partirent à la fois de mon plein gré et sous mon impulsion.

En ceci encore je croyais avoir pris toutes les précautions et n'avoir absolument rien compromis. Je me trompais, et gravement. J'aurais dû prévoir la force des entraînements

contre lesquels mes instructions imprimées et mes paroles
sans cesse répétées me paraissaient, à tort, des garanties suffisantes. J'aurais dû prévoir que ces impatiences, — que je
redoutais et signalais comme le seul écueil sur lequel nous
pussions nous briser, — devaient, quelque soin et quelque
force que j'y eusse mis en paroles, être arrêtées, violemment
arrêtées par un fait brutal qui en dirait plus que toutes les
recommandations imprimées ou parlées; qu'il ne fallait pas
leur céder un pouce de terrain, même quand cela semblait
sans aucun danger intrinsèque; j'aurais dû me montrer ici
absolu et absolument roide; j'aurais dû ne pas donner Cousin à
ce départ, même avec les réserves que j'y mettais; ne confier
à ce navire ni le jeune Deguelle, ni même un seul plant, un
seul grain de semence appartenant à la Société; protester publiquement contre cette émigration, en tant du moins que les
personnes se dirigeraient sur un lieu dépendant de la Société;
envoyer défense de les y recevoir sous quelque prétexte que ce
fût et publier cette défense.—Voilà ce que j'eusse dû faire; —
et, pour le dire sans plus tarder, c'est dans cet ordre de principes
que j'entends bien agir, si j'ai encore, comme je le pense,
quelque chose à faire. — Cela, sans doute, eût tout sauvé.

Quoi qu'il en soit, à un moment donné, n'étant pas même
encore au Texas, étant encore à New-York, sachant à peine
que nous venions d'acquérir à haut prix, quelques bribes de
terre, et moins certain que jamais des régions qui seraient favorables à l'acquisition de grands espaces, — par les docu-
ments qui m'arrivaient à la fois du Texas, de la Nouvelle-Or-
léans et d'Europe, je vis se dresser devant moi, déjà rendu
sur les lieux, ou en route de terre, ou en route de mer, un
personnel de près de *deux cents colons*, hommes jeunes et
hommes vieux, femmes, enfants, demoiselles, etc. ! — Relisez
seulement dix pages de mon livre : mon plan était brisé dans
ma main ! — par ma faute originelle, soit ; je le veux bien.
Mais il était brisé, brisé dès le début, brisé dès le premier pas,
et moi, je tombais foudroyé et râlais sous les débris.

Je fais ma confession, et malgré l'irritation amère qui
gronde encore en moi quand je remue ces souvenirs, et que

je confesse elle-même, — je la fais avec humilité — là où j'ai
lieu d'être humble. Entre les facultés du chef qui me man-
quent, est, au premier rang, celle que les phrénologistes ap-
pellent la *confiance en soi*. Ma force n'est pas en moi subjectivement; elle est tout entière dans ma foi, et ma foi n'existe
qu'à la condition d'être appuyée sur ma raison. Otez-moi ma
foi, — ou, ce qui revient au même, ôtez à ma foi sa base, —
je tombe.

Or, ici, ma force était tout entière dans mon plan. La prudence, la marche progressive et assurée des débuts, le succès
des commencements, lent si les circonstances l'exigeaient,
mais certain, en faisaient partie intégrante, capitale. Je le répète, relisez seulement dix pages de mon livre, à partir par
exemple du titre *Détermination du milieu préparatoire*, et
vous verrez qu'en fait, au lieu de mon plan ou de quelque
chose qui ne s'en écartât pas trop, je n'en avais plus devant
moi que la *contradiction formelle*. — Émigration prématurée,
en mode précipité et confus, et ruine certaine de toute entreprise de colonisation : ces deux idées n'en faisaient qu'une
dans mon esprit. J'avais exposé la théorie de cette inévitable
identité; j'en avais, entre mille, rappelé les exemples les plus
récents : et les conditions qui s'imposaient soudainement à
moi étaient pires que celles de tous ces exemples désastreux
que j'avais cités, — ne fût-ce seulement qu'en ce que le terrain d'action de ces émigrations leur était du moins acquis,
assuré ou déterminé d'avance !

Je ne vis que trop clairement les conséquences forcées de
ces prémisses; et au milieu de toutes les idées que je tordais,
de toutes les sortes de douleurs qui me hachaient, des rages
qui bondissaient dans ma pensée désespérée, j'étais incessam-
ment et invinciblement ramené au même point : écrire en
Europe qu'on en finisse par une liquidation immédiate, et
faire immédiatement la mienne. — Et si je disais tout, ici, on
se ferait peut-être quelque idée de la douceur de mon dernier
asile. — Au reste, que j'y misse ou non du mien, cette liquidation personnelle me paraissait assurée et prochaine. Le peu
de forces qui me restât, ou leur prostration complète, je ne

sais lequel, aida ma raison à ne pas suivre le dernier appétit du désespoir. J'essäyaï de me créer des illusions par des raisonnements artificiels ; mais j'y voyais trop clair et ne pus réussir. Bref, après avoir consommé, dans mon for intérieur, le sacrifice de tout ce à quoi la nature humaine vivante peut tenir, je crus devoir laisser à ce qui allait advenir, mon nom, — et ma personne pour ce qu'elle pourrait valoir ; me laisser moudre et traîner par le sort jusqu'où cela irait ; et j'écartai, au moyen d'un sommeil forcé par la morphine, une fin physique immédiate, l'imminence m'en était évidente.

Dès ce moment je ne considérai ma vie que comme une surérogation destinée, pour ce qu'elle durerait et pour ce qu'elle pourrait, non plus à conduire allégrement au succès une grande entreprise, mais à amoindrir les désastres d'un naufrage accompli.

Je sais tout ce que l'on peut dire d'un tel abandon ; et comme, dans mon propre naufrage, la raison du moins et mon jugement ne m'ont pas quitté et que j'ai appris à me les appliquer à moi-même, je prie mes amis de croire que je me suis dit tout cela, sans rien omettre. — Je n'écris point ici, tant s'en faut, une hymne à ma gloire ; je ne cherche pas même des excuses. Je sais qu'un chef est, quoiqu'il arrive, responsable de tout, et je connais fort bien le mot irréfutable par lequel on lui couperait toute retraite s'il en cherchait une. — J'écris pour que vous connaissiez des faits que vous devez, connaître, maintenant qu'il s'agit de décider si nous devons faire encore quelque chose en commun, et tenant à vous dire moi-même que si j'eusse été d'une trempe plus dure, d'une organisation plus complète, et doué de cette *confiance en soi* qui trouve en elle-même sa raison d'être et sa force, indubitablement, à beaucoup moins de frais et beaucoup plus tôt, j'eusse amené les choses où elles en sont aujourd'hui : cette virile et noble faculté, — qui, mal accompagnée fait les sots, et qui, exagérée, fait les téméraires et les brise souvent sur l'écueil, — m'eût, ici, sauvé de l'agonie, et elle eût joué, et gagné, en moitié moins de temps peut-être, le relèvement de nos affaires. Ma raison fut constamment de cet avis ; mais ne trouvant à son service, pour engager la partie, qu'une machine exténuée par une maladie violente, aiguë d'abord et plus tard chronique, ravagée par les soubresauts et les explosions incessantes d'un système nerveux palpitant, détraqué et bouleversé, des muscles énervés, une âme aigrie et détendue, ulcérée et lâche, force me fut longtemps d'abandonner toute pensée d'initiative, et de me borner passivement à l'atténuation du mal existant, laissant à d'autres espoirs et à des confiances que je ne partageais pas un champ et un temps d'expérience.

IV

Si je ne fais nulle difficulté de mettre au jour mes lacunes et mes misères ; si je n'éprouve nulle inclination à rechercher et à montrer, sans nécessité, celles des autres ; si je suis enfin tout disposé à prendre sur moi toute la responsabilité de tout le mal *réel* qui s'est produit dans une affaire que j'ai provoquée, et que j'ai organisée primitivement moi-même à ma guise, je ne le suis point à passer condamnation sur ce qui ne mérite pas condamnation, et à laisser prendre pour mal, ou cause de mal, ce qui ne l'a pas été, ce qui même a eu en son temps caractère de remède.

Sous ce chapitre, je range et serais s'il le fallait prêt à motiver en raison la plupart des résolutions ou des conseils que, dans les circonstances imposées, j'ai pu prendre ou donner sur les lieux, à commencer par le premier de ces actes, le règlement de la situation déplorable que j'y trouvai toute faite et y empirant à chaque arrivage.

Je fis, pour ce règlement, des appels incessants à toutes les lumières que je pus réunir autour de moi ; je roulai, pressai, tordis tous les partis ; je consacrai à ce travail désespéré toutes les forces de ma raison, les seules qui me restassent, et, — tant que je ne connaîtrai que les critiques qui me sont parvenues, ou les *on aurait dû faire ceci et cela* qui se sont produits jusqu'ici comme solutions, — je me fais fort de prouver aisément que, *dans les circonstances données*, celle qui fut adoptée était encore, de beaucoup, la plus raisonnable et la moins mauvaise.— Cette combinaison, du moins, permettait : 1° de liquider le pire des états de choses; 2° de donner à une population, jetée dans un pays où elle ne pouvait encore rien connaître, ni rien comprendre, le temps de comprendre ce pays et de s'y débrouiller ; 3° de gagner le temps nécessaire pour la connaître elle-même ; 4° de dégager régulièrement et progressivement la Société de ses fardeaux les plus lourds ; elle tenait enfin la porte ouverte, absolument ouverte, à tout ce qui, ultérieurement, serait jugé possible, utile, bon ou nécessaire. Elle permettait tout cela ; et en outre elle permettait que tout cela fût fait en engageant et compromettant le moins possible, *à nouveau*, les intérêts de la Société.

Certes, elle ne pouvait pas faire l'impossible; elle ne pouvait pas transformer en justesse, en concorde et en prospérité, des conditions, connues et prédites, de fausseté, de discorde et de ruine. Néanmoins, le seul parti, préférable intrinsèquement, eût été de renvoyer, fût-ce en Europe et aux frais de la Société, les neuf dixièmes des personnes accumulées sur les lieux et de passer par profits et pertes toutes les dépenses sèches. Mais, pour prendre ce parti, il eût fallu être et se sentir en état de dominer l'effet désastreux qu'un pareil coup eût alors produit et en Europe et sur les lieux, et être assuré de pouvoir très-promptement en outre trouver à un tel début des compensations suffisantes. Tout cela me manquait.

Il y avait encore cette autre solution très-voisine de la précédente : réduire les travaux à ce que la Société pouvait raisonnablement entreprendre, pour ses seuls et stricts besoins ; offrir au grand nombre de bras présents cette petite quantité de travail, au très-petit nombre d'Actions présentes leur remboursement en terres et en valeurs de colonisation ; n'ouvrir aucun crédit qui ne fût garanti ou couvert, et laisser tous ceux qui n'auraient pu trouver place dans cet arrangement, *seul conforme aux statuts*, à leur initiative, comme à leur compte et à leur sort. Cette solution, parfaitement légale, et qui faisait disparaître à l'instant tous les fardeaux, me parut,

— vu toutes les circonstances du moment, — la moins acceptable de toutes. — En somme, celle que j'adoptai sans illusion, que je présentai à la population pour ce qu'elle était, que je lui expliquai dans sa sincérité et sans la dorer d'espérances que, pour ma part, je ne partageais pas; cette solution était, j'en suis encore convaincu, le moins compromettant et le plus élastique des expédients à appliquer pour se procurer une transition quelque peu régulière et des issues.

V

Je me traînai jusqu'à l'automne, assistant au spectacle, navrant pour moi, de l'étrange *colonisation* qui remplaçait ce que j'avais cru avoir à faire au Texas; ayant sous les yeux cet affreux bâtard, ce monstre sans père, ou plutôt fils de trop de pères, et auquel je devais le nom et les soins de mon enfant légitime! Bref, mes prévisions ne s'accomplissaient que trop, et la réalité était peu propre à guérir le coup que celles-là m'avaient porté.

Les premiers froids ayant cependant rendu quelque ton à mes nerfs, je pris un peu d'exercice; un peu de force me revint. Je profitai de ce répit et partis pour Austin, sans grand espoir de trouver auprès de la législature, qui s'ouvrait, quelque compensation à nos débuts; mais croyant devoir néanmoins tenter la démarche et voulant, d'ailleurs, pousser enfin une reconnaissance dans le Sud-Ouest. L'éloignement de mon champ de supplice et quelques lueurs qui se montrèrent eurent sur moi un effet des plus salutaires. Je me crus, un moment, bien rétabli, et l'eusse été réellement si la permanence des causes qui m'avaient mis si bas, et la continuation de leur productivité funeste, aggravée encore par des complications nouvelles, n'eussent bientôt repris leur proie.

A la clôture de la session je partis pour l'Ouest, malgré le mal qui avait si violemment et si profondément attaqué en moi les organes de la confiance et de l'espoir, j'en rapportai le sentiment et la conception d'une issue générale pour nos affaires. De retour dans le comté de Dallas, après une absence de cinq mois, l'état des choses vu et bien examiné, mes idées ne tardèrent pas à se former résolûment et à se coordonner en un ensemble.

Là, aux yeux du plus simple bon sens, aucune illusion n'était plus permise. Toutes les expériences étaient faites ; la situation avait porté tous ses fruits ; elle ne comportait plus de prolongation. La population s'était familiarisée avec le pays ; elle s'était fait connaître elle-même. Tout ce que l'on avait à savoir était su, et ce que l'on avait de mieux à faire, pour tous les intérêts engagés, était manifestement d'ouvrir les portes de sortie.

Le parti à prendre me parut aussi clair en raison qu'indiqué et motivé par les circonstances. Il consistait à faire là-haut, dans des conditions qu'il eût alors encore été possible de rendre plus larges et plus douces, ce qui s'y fait aisément et heureusement aujourd'hui. Un moment je crus être parvenu à assurer cette voie que je tenais pour celle du salut. Je pourrais dès lors, en sécurité sur ce point, suivre à Austin ce qui y avait été entamé, et poursuivre dans l'Ouest les ouvertures de relèvement et d'avenir que j'y avais rencontrées. Je comptais même, pour ce dernier objet et avant la reprise de la session, trouver encore le temps de visiter d'autres parties des frontières, qu'il pouvait devenir important de connaître. — Ainsi, le gouffre allait être fermé ; nous nous dégagions d'un passé maudit et nous pouvions préparer et prendre enfin, — je ne dis pas reprendre, — une marche en avant! Eh bien! ce ne fut là encore qu'une courte illusion ; car, grâce aux legs de ce passé odieux, je dus bientôt me voir dans l'impossibilité de laisser à ce plan, sur les lieux, un organe d'exécution. C'était comme si la fatalité eût résolu que je serais abattu chaque fois que je me relèverais !

Je puis me rendre cette justice, — et je me la rends, — qu'il n'y eut jamais, dans les motifs de mes tortures, rien de personnel. Ce qui faisait le poids du mal accablant pour mes forces, c'était la nature même de ses causes : vos espérances, vos intérêts, notre but commun, tout ce que j'avais cru servir

et qui croulait sous moi et sur moi ! C'était là ce qui m'écra-
sait personnellement et, dès le début, j'avais fait tous mes
deuils.

Mais il est un terme à tout, même aux possibilités passives ;
et quand, après avoir fait ici tout ce que j'y crus devoir et
pus faire, écrit et tracé en détail le plan de toutes les réformes
nécessaires, engrené l'exécution, échoué à trouver un organe
pour la continuer, demandé à Paris un directeur et confié
l'intérim à un honnête homme dont le dévouement accepta
cette tâche ingrate ; quand après cela, dis-je, je partis à nouveau pour Austin et pour l'Ouest, ce fut avec une irrévocable
résolution de ne plus me mêler directement de rien qui tou-
chât à ce gibet où j'avais été trop longtemps cloué, et de ne
plus même reparaître sur ce point avant que les réformes
indiquées, ou un équivalent, n'y fussent à l'état d'exécution,
et si je devais être enterré bientôt quelque part, de l'être du
moins ailleurs. — Cette résolution, je la dis parce que je l'ai
formée. Je la livre en déclarant qu'aucun intérêt au monde,
aucun, entendez bien ce mot, aucun quel qu'il eût été, ne me
l'eût fait rompre. On jugera cette résolution comme on voudra,
et comme on voudra encore ma conscience ; car je déclare que
celle-ci avait heureusement et malheureusement plus de motifs qu'elle n'en exigeait pour se sentir, sur cette résolution,
parfaitement à l'aise.

Je n'avais pas résolu cette seule abstention. J'eusse encore
tout donné pour pouvoir isoler mon âme elle-même, noyer
tout souvenir et tout intérêt, éteindre toute sollicitude, couper
enfin, de ce côté, toute préoccupation, et absorber exclusivement ma pensée à la recherche des compensations et des issues
que je voulais désormais borner ma part à poursuivre ailleurs
pour nos affaires. Par malheur ceci ne dépendait plus d'un
acte de volonté, et je n'avais que trop expérimenté déjà mon
impuissance à revêtir cette insensibilité libératrice. Ma vie
n'était tellement qu'*une* avec celle de nos affaires, que, même
au nom de l'intérêt commun qui réclamait l'usage de mes
forces, je ne pouvais opérer le divorce nécessaire à la récupé-
ration de celle-ci. De loin comme de près, de jour comme de

nuit, partout et sans cesse, le boulet qui leur était attaché, rivé à mon cœur, m'entraînait au fond du gouffre. Tant que ce gouffre a été béant pour elles, je n'ai eu de répit que les intervalles pendant lesquels il m'a été donné de leur rouvrir des espoirs que pouvait accepter une raison sérieuse. Loin de moi la vanité de me croire une exception, même dans la triste faculté de souffrir, — que j'estimais avoir connue déjà et que je ne connaissais guère ! mais je ne pense pas pourtant, — et vous devez bien voir que si je trouve peut-être à vous le dire une certaine satisfaction affectueuse et morale je suis loin d'y en trouver une d'orgueil ; — je ne pense pas, dis-je, que jamais personnalité humaine ait été plus complétement et plus douloureusement absorbée, noyée, dévorée, dans un objet extérieur. — J'eus beau faire, je ne pus oublier, m'abstraire et me soustraire au mal qui continuait à me calciner et m'emmenait.

En fin de compte, ne voyant point venir le secours nécessaire et depuis longtemps demandé ; une circonstance que j'avais prévue et tout fait pour conjurer, aggravant au contraire et au plus haut point mes craintes ; me sentant poussé *au delà de toute extrémité*, je me tins aussi pour dégagé de tout et je n'eus plus qu'une idée intime : c'était d'achever aussi vite que possible les opérations territoriales que j'avais commencées, et, une fois cette tâche accomplie, de vous montrer ce que je vous avais acquis, sur un point ; de démontrer, ou du moins de poser comme mon opinion, que cela vous valait ce dont je désespérais désormais et accorderais pour englouti sur un autre ; de donner tous les renseignements propres à tirer le meilleur parti de la situation que je laisserais, et à la disposition de laquelle je resterais d'ailleurs le temps nécessaire pour qu'elle fût régulièrement reprise ; cela fait, de disparaître et de m'ensevelir n'importe où et n'importe comment, — ceci n'était plus qu'une affaire privée et d'intérieur. — Eh bien ! je me vis encore arrêté ici, ou du moins forcé par des causes majeures et tout aussi indépendantes de moi, de suspendre ces poursuites !

VI

Je termine ici ce récit. Quelque pâle qu'il soit, quelque adouci et sommaire que je l'aie voulu faire, j'ai longtemps cru que je serais dispensé de vous en affliger, que je me l'épargnerais à moi-même, et que, fût-ce en parlant de vous, de nos affaires et de tout, je partirais sans adieux. C'était encore une lâcheté du corps et de l'âme sans doute; mais c'était ainsi. — Je vous ai donc fait ce triste récit, parce que, heureusement, les choses ont changé du tout au tout; parce que la résurrection de nos affaires m'a enfin ressuscité complétement moi-même; parce que je puis et je dois aujourd'hui reprendre mes communications avec vous, et que j'ai jugé ce récit indispensable à la sincérité, à la droiture et à la dignité de ces rapports, comme à la valeur des fruits qu'ils peuvent désormais porter. Je n'ai point accusé les personnes; non que je reculasse, quelque pénible que me pût être ce rôle, contre une expression de blâme mérité, qui serait nécessaire, mais parce que le mal est venu, avant tout, des circonstances; que ces circonstances, une fois produites, devaient nécessairement engendrer des ruines et des détériorations de toutes les sortes; que je m'attendais à tout, et par conséquent à pis, dans tous les ordres; que, d'ailleurs, primitivement du moins, toutes les volontés ont été bonnes; et, qu'après tout, placées toutes dans les situations qui devaient être et venant à leur temps chacune, les personnes, sauf cette exception inévitable dans les affaires humaines et qui eût été minime ici, n'eussent éprouvé ni donné de sérieux sujets de plaintes. — Les circonstances n'excusent pas tout, je le sais; mais l'imputation individuelle n'est souvent qu'une pétition de principe, un cercle vicieux qui laisse de côté les causes profondes, pour ne s'en prendre qu'à celles d'un ordre inférieur ou médiocre, et qu'il faut abandonner aux jugements et aux esprits de cet ordre. J'aime mieux, pour ma part, vous dire que de ces épreuves mêmes, ce qui reste, en somme, de mieux prouvé pour moi, c'est la résistance de l'intrinsèque bonté de la nature humaine, la multiplicité et la puissance de ses ressources, l'explicabilité de ses faussements, et que nos doctrines, en déplaçant le *péché originel* et le transportant des données fixes et intimes de la nature humaine, aux données extérieures et mobiles des choses, ont bien radicalement et bien victorieusement raison contre les anciennes. — Qu'il soit donc enterré sous le bénéfice de ces réflexions, ce passé odieux ! Pour tâcher de le pouvoir oublier et pardonner, j'inscris cette seule épitaphe sur sa pierre. — Et maintenant tournons-nous vers l'avenir.

DEUXIÈME PARTIE.

I

Maintenant, ma tâche change. Heureusement ! Du plus profond du mal, du plus sombre, une voix chère m'a dit : « Espérance ! l'extrême du désordre produira le retour à l'unité. » *De profundis clamabat.* Quand les forces aveugles et impitoyables ont tordu les prévisions les mieux assises et vaincu nos forces, il leur arrive parfois de se vaincre elles-mêmes et de s'abattre à leur tour. Le sort se lasse de frapper et peut revenir soudainement en aide à ce qu'il touchait de ses coups les plus durs. Ce sont les chances laissées, par la Providence du progrès, à la fortune de l'intelligence et de la persévérance humaines. Merci donc et salut au sort nouveau ! Car c'est bien lui qui, ici, a tiré la délivrance de ce qui devait achever la ruine. C'est lui, lui seul, — il est des justices qu'il

faut rendre, et il est des obligations même à l'égard du sort,
— qui, de circonstances faites pour tout perdre, a fait surgir
celle qui devait permettre de tout sauver. Pour moi, je ne lui
disputerai rien du tout ici.

Il fallait un état de chose absolument désespéré pour que ce
qui a été fait fût fait ; pour que Cousin se trouvât sur les
lieux ; pour qu'il fût choisi ; pour qu'il pût, et au dernier moment, fermer le gouffre qui eût tout dévoré, appliquer soudain les mesures réparatrices, clore le passé, en mettre la
liquidation en bonne voie et laisser désormais l'avenir seul
ouvert : — c'est le sort qui a décidé et forcé tout cela. Ren-
dons-lui donc grâce, et cette justice faite, faisons en une autre
plus obligatoire encore en remerciant aussi Cousin. — Pour
ce qui me regarde, je déclare que, par son dévouement aussi
profond dans la réalité que simple dans ses formes, son bon
sens sans prétention, son intelligence sans phrases, et en exécutant sur le point où pour les raisons déduites plus haut, —
et d'autres encore, — j'avais depuis longtemps cessé toute im-
mixtion ; qu'en exécutant, dis-je, sur ce point par où nous
allions périr, les seules mesures de salut possible, il m'a, à
moi, en sauvant vos affaires, sauvé beaucoup plus que la vie,
— et cette vie par-dessus le marché. Qu'il reçoive ici mon té-
moignage, en attendant celui de votre propre gratitude, —
vous le lui devez bien.

II

Je vous ai dit déjà où, dès que j'avais pu quitter mon gra-
bat, pu reprendre une ombre de force, et pu un peu *revou-
loir espérer*, j'avais bientôt vu des issues d'avenir à nos
affaires ; je vous ai dit que dès cette époque il y avait évidemment deux choses à opérer simultanément sur deux
points : sur l'un, fermer la porte à une ruine visiblement croissante et certaine ; sur l'autre, l'ouvrir enfin aux vraies conditions de nos affaires. Je vous dis, maintenant, que m'eût-il
été personnellement possible et donné de conduire à la fois

ces deux opérations, à l'heure qu'il est, ces affaires seraient en pleine prospérité.

Je viens de vous montrer par quel coup du sort, le seul homme qui pût conjurer le dernier désastre s'était trouvé à la fois sur les lieux, prêt, possible et choisi. Voici maintenant ce qui me reste à vous dire :

C'est que, venant si tard, ce secours du sort eût été peut-être insuffisant à lui seul ; mais qu'heureusement, paraît-il, la chance avait décidément tourné. Par un second coup du sort, en effet, il s'est trouvé que la Réserve, — devenue pour nous un mal si grave dès que nous étions si fortement engagés dans son cœur même; dont la levée avait été itérativement et impitoyablement rejetée par des majorités compactes et décidées dans les deux chambres; dont le gouverneur ne voulait pas entendre parler ; à l'idée de laquelle huit jours encore avant le vote, les membres les plus bienveillants pour moi et les mieux informés m'assuraient qu'il n'y avait pas même à songer ; — il s'est trouvé, dis-je, que cette Réserve a été levée à l'unanimité !

Par un troisième coup du sort, du sort encore, il s'est trouvé que nos terres *loquées* dans la Réserve, et qui eussent pu nous être enlevées toutes, n'ont été entamées que sur quelques fragments.

Par un quatrième coup du sort, voici que ce fameux chemin de fer pour lequel la Réserve avait été faite et qui ne s'est pas décidé sous l'empire de cette Réserve, paraît l'être sérieusement, aujourd'hui qu'elle est levée ; et voici en outre que les ingénieurs trouvent, sur les autres tracés, trois millions d'économies à celui qu'ils font passer sous nos habitations, dans notre grande ferme d'en bas et à travers une autre partie importante de nos terres, tout récemment prise par Cousin pour compenser ce qui nous avait été enlevé des anciennes *surveys*. — Que ce projet se réalise, comme il paraît fort probable aujourd'hui, et ce ne sera plus par double et par triple qu'il faudra compter la plus-value effective, toujours croissante d'ailleurs, des terres du comté de Dallas et surtout des nôtres.

Voilà pour le haut. Voici maintenant pour le reste. — Une année, mauvaise déjà, est suivie d'une autre, — celle-ci, pour cette partie de l'Ouest surtout, détestable. Ceci est encore, certes, du ressort des circonstances ingouvernables, des forces majeures, du sort. Hé bien ! plus le mal sera grand, et tant mieux ce sera pour nous, pour nos circonstances; pour celles du moins qu'il ne dépend que de nous de faire. La pénurie d'argent, les besoins que l'on en a ici, les tentatives qu'il donne aux spéculateurs de terres eux-mêmes qui voient des coups rapides à enlever sur tout ce qu'il faut maintenant importer ; les dégoûts inévitables pour ceux qui viennent de débuter dans ces conjonctures sans être assez solidement munis, qui recueillent peu et que leur isolement et leur faiblesse livrent à cent exploitations diverses ; le discrédit momentané des terres qui résulte de toutes ces circonstances, nous offrent déjà, et vont, pour un temps, continuer à nous offrir, si nous en voulons profiter, les chances les plus inespérées et les plus belles, non-seulement de relever et de rétablir convenablement nos affaires, mais encore de reprendre, et à leur plus beau, tous nos projets, toutes nos espérances.

III

Il y a longtemps que, m'entendant affirmer que toute foi n'avait pas été ruinée en Europe par nos désolants débuts, sentant que j'avais péché en manquant si complétement et sitôt moi-même de foi dans la vôtre, je calculais déjà et établissais que, dût-on ne tirer, du côté de Dallas, que moitié de ce qu'on y avait mis, — n'en dût-on même rien tirer du tout ; avec la seule garantie qu'il n'y fût plus rien enfoui et à la seule condition d'être mis en état de pousser fortement du côté des issues trouvées et de les conquérir assez larges, on pourrait aisément, en faisant bien comprendre la situation générale et la balance réelle, tout sauver encore. Hé bien ! malgré le temps écoulé depuis cette époque, malgré les aggravations que ce temps avait engendrées, — malgré tout, — mais grâce à ce décisif retour de la fortune au moment suprême, l'état des choses est aujourd'hui, et les circonstances se montrent, sur tous les points, sans comparaison et du tout au tout métamorphosées en bien pour nos affaires.

Mais ce bien, mais ces occasions réparatrices, mais ces circonstances résurrectrices et inespérées, *il les faut saisir et presser* pour qu'elles donnent ce qu'elles contiennent.

Si, malgré la volonté, les revers de la fortune abattent nos entreprises, ses secours les plus formels et ses plus généreux retours n'en sont pas moins, le plus souvent, au prix de cette même volonté et en exigent le concours. Notre but commun s'est redressé devant nous, c'est vrai : mais c'est toujours à nous de marcher pour l'atteindre. Le succès est maintenant à portée, parfaitement en vue ; la route qui y mène n'a été que trop bien éclairée et les écueils trop bien signalés par des malheurs faits pour avoir une autorité qu'il n'était pas, paraît-il, permis à la parole seule d'imprimer aux prévisions les plus formelles. Aujourd'hui d'ailleurs, en outre de celle que ces prévisions eussent dû nous dispenser d'acheter à nos dépens et si cher, une somme considérable d'expérience est acquise sur une foule de points où il fallait apprendre. Ce sont autant de garanties nouvelles de ce succès redevenu possible. Mais, pour mieux garanti qu'il soit, ce succès, nous ne l'aurons que si nous *voulons* énergiquement nous en emparer, et si nous *agissons* énergiquement pour le conquérir.

Je vous le dis fort net et parce que cela est ainsi : Arrêtons-nous aujourd'hui, ne faisons pas de nouveaux efforts, et aujourd'hui, malgré tout, nous sommes tout aussi bien ruinés que nous l'étions hier, — ou à peu près, — Arrêtons-nous ; mettons-nous en liquidation, ou seulement *laissons traîner*, au lieu de poursuivre avec de nouveaux et sérieux efforts : faisons cela, et tout est de nouveau perdu ; — tout excepté moi cette fois-ci. — Excepté moi, car ces avertissements donnés, je me sens et me déclare *personnellement* sauvé quoiqu'il arrive. — Je me sens sauvé quoiqu'il arrive, non que je ne puisse encore, si nous ne devions pas profiter d'une occasion si belle pour relever ce qui nous est si cher, éprouver des regrets profonds, des retours amers, de cruelles révoltes de la pensée et de l'âme ; je mentirais si je m'en vantais : mais parce que, maintenant que ces paroles sont dites, et dites dans la situation que vous connaissez, il arriverait ceci si vous vous abandonniez vous-mêmes : il arriverait qu'au lieu de me sentir écrasé sous le poids de ruines s'amoncelant là où s'entassaient toutes vos espérances, de désastres accueillant les plus ardents dévouements, d'une déroute enfin récompensant les calculs de l'intelligence et les efforts de la vaillance, je n'aurais plus qu'à porter le deuil résigné du drapeau qui tombe parce que ses défenseurs l'abandonnent. Ce serait bien douloureux et bien triste encore, sans doute ; mais ce ne serait plus pour moi, je le sens, la même chose. Quand vous vouliez vous conquérir une patrie libre et vous la faire heureuse pour vous, pour vos familles et pour nos idées ; et cela sur mon initiative, sur mes promesses, et moi marchant à votre tête ; avoir vu toutes les conditions combinées du succès remplacées soudain, sans que je n'y puisse plus rien, par celles-là mêmes que j'avais signalées à tous comme les prémisses d'une inévitable déroute ; avoir vu cela avant d'être seulement sur le terrain ; avoir recueilli ce Waterloo avant d'avoir seulement ouvert la campagne ! et dans de telles conditions ! Cela en eût étendu, — foudroyé, — de plus forts que moi, je pense, — si du moins ils eussent senti comme il ne m'était que trop donné de sentir. Je ne dis pas, cependant, que je me fisse de cruels reproches personnels, ce serait encore mentir. En acceptant toute responsabilité et tout jugement du dehors, et sans être, je crois, de ceux qui mettent le plus de bienveillance à se juger eux-mêmes, il me restait encore assez de cette indulgence pour m'absoudre *par devers moi*. Le seul reproche que je me fisse et qui aggravait terriblement mon mal, c'était de manquer de forces suffisantes pour porter un tel coup et en pouvoir réduire au moins les funestes conséquences. — Or, ce reproche, aujourd'hui je ne me le ferais plus, pas plus que celui d'avoir été l'origine, sinon la cause, de ruines qu'on ne ferait rien pour réparer, quand elles sont devenues réparables ; pas plus enfin que je n'éprouverais le chagrin mortel de décevoir des espérances brûlantes, quand malgré le champ qui leur est rouvert et l'air qui leur est rendu celles-ci se montreraient éteintes. Non ! quoiqu'il arrive, je ne souffrirai plus ce que j'ai souffert ! je ne repasserai plus par cet enfer ! par cet enfer où, le fallût-il pour vous sauver la vie à tous, pour sauver l'humanité, le monde entier et Dieu lui-même, je refuserais net de rentrer. — Je me croyais, à ma cause, à celle de l'humanité et du bien universel, un dévouement sans limites et sans bornes ; je confesse et déclare y en avoir trouvé ; et j'ajoute que la certitude de ne pouvoir plus désormais être exposé à les franchir, ces bornes-là, est ce que j'appelle « me sentir aujourd'hui personnellement sauvé. »

Je vous dis ces choses parce que je vous dois en ceci l'expression de mes sentiments intimes ; et parce que, là où l'usage est de s'écrier « mais moi, après tout, c'est bien peu de chose ! » je ne fais pas à vos cœurs l'injure de les croire si peu soucieux de ce qui me concerne. Sans parler d'autres pensées bien autrement violentes, la simple idée des pertes pécuniaires où je vous aurais induits, m'a fait à elle seule trop souffrir en vous et par vous, pour que je méconnaisse la solidarité qui nous lie, et que j'admette même, en manière de phrase, que je sois pour vous si *peu de chose*. — Rien de ce que je vous dis n'est, d'ailleurs, inutile à l'assiette de déterminations que vous devez prendre en connaissance de cause.

Nous en étions donc à ceci, que tout serait perdu à nouveau, même aujourd'hui, sans de nouveaux efforts et si nous nous arrêtions. Une liquidation hâtée, en toutes circonstances ici, et plus que jamais dans les actuelles, ne nous donnerait rien du tout. Les acquisitions que j'ai faites, elles-mêmes, revendues sur la place, ne réaliseraient rien ; et elles ne sont pas encore assez complètes pour que, même en prenant du temps, il fût aisé de leur faire rendre beaucoup. La liquidation à long terme, d'une affaire arrêtée avant maturité et abandonnée, est d'ailleurs toujours mauvaise, et fait rarement plus que ses frais. Ce cas serait très-probablement le nôtre dans l'hypothèse. — Ce qui reste certain c'est que, dût une telle liquidation produire quelque chose, ce serait si peu qu'avec le temps qu'il y faudrait, autant vaudrait abandonner tout et tout de suite. — Ce parti de ruine volontaire et totale est absurde : vous n'en voulez pas.

IV

Il en est un autre : se mettre en mesure de compléter ce que j'ai commencé et déjà fort avancé ici, avec l'intention bornée : 1° de continuer la colonisation (bien entendu dans les conditions normales désormais de nos Statuts et de mon plan), sur le premier champ qui lui a été livré; 2° de lui ouvrir le second sans extension dès qu'elle aurait acquis, sur le premier, des racines et des forces suffisantes pour y assurer son propre et plein développement. — Ce parti serait déjà plus sage. La colonisation se continuant au Nord, serait pour la Société la liquidation naturelle, bonne, fructueuse pour tous les intérêts, de ses affaires sur ce point. Les compléments des acquisitions commencées ici, nous livreraient un second champ d'action dont il nous serait facile de tirer un excellent parti pour nous et par nous, et même un bon parti en toute hypothèse. Dût-on, — c'est un cas dont la pensée même ne se présenterait plus, — dût-on s'en défaire un jour pour une liquidation extérieure, celle-ci, débarrassée par la pleine possession, des frais de divisions judiciaires, d'arbitrages compliqués, de nouvelles *surveys*, etc., toutes choses sujettes à contestation et d'ailleurs dévorantes de leur nature; — cette liquidation rendue désormais très-maniable et très-simple, deviendrait encore assez aisément productrice. Ici, le pire serait encore passable, financièrement du moins, et pourrait même être bon.

Eh bien! ce parti là, si vous étiez tous ici présents, si je pouvais vous montrer à tous ce que, récemment et dans les circonstances d'une année vraiment désastreuse pour le pays, je viens de faire voir à cinq personnes dont quatre vous sont connues (1), ce parti là n'aurait pas une voix, pas une; — je dis, pas une.

Qu'à cette distance, et par suite de découragements divers, — qui ne s'expliqueraient que trop chacun, — ce parti moyen, timide et sans portée, trouvât des adhérents; il n'y aurait pas lieu d'en être surpris. Dût-il être adopté, quoiqu'il ne fût qu'une sorte de demi-abandon, et qu'il étranglât un avenir qu'on peut aujourd'hui refaire magnifique, je n'abandonnerais pas la tâche qui me serait imposée d'en suivre l'exécution; mais j'y marcherais avec la tristesse de la résignation à l'abandon d'un grand but, d'une grande chose et d'une grande cause, manqués par un fatal découragement, et par ce découragement seul, juste au meilleur moment revenu, ou plutôt venu, de les assurer, de les conquérir! Non! je n'y veux pas penser! je ne veux pas admettre cette possibilité. Je sais, je ne le sais que trop, que le courage et la confiance ne viennent pas toujours à l'appel de la volonté. Je le sais par moi-même; mais, par Dieu! ce n'est pas ici que je me donne et qu'il me faut prendre en exemple. Et qui de vous, d'ailleurs, aurait pour excuse, ici, les circonstances, terribles pour une âme, qui m'ont appris à connaître le découragement et qui expliquent que j'y sois tombé? — Comment! qu'aujourd'hui, quand il nous est possible, facile, donné; quand il devient inespérément aisé à nos efforts de ressusciter tout entier l'avenir auquel nous avions aspiré; de revivifier ce que nous a dévoré un passé absurde, mais désormais conjuré, clos, muré; aujourd'hui que toutes les expériences, même celles qui n'étaient pas à faire, sont faites; que le tribut au mauvais sort a été, et si largement, acquitté; aujourd'hui que la chance retourne et que la fortune nous offre toutes indemnités pour ses rigueurs et pour nos fautes, nous manquerions du courage, de la virilité, que dis-je? nous manquerions, pour remonter en selle et rétablir complétement nos affaires, de l'intelligence vulgaire, de ce bon sens abécédaire que le premier

(1) Bureau, Malibert, Willemin et Mme Considerant. — Je tenais à avoir aussi les impressions d'une femme.

paysan, le plus humble marchand de coco ou de peaux de lapins saurait bien apporter dans les siennes? Non, ce malheur après tant d'autres, nous sera épargné et nous ne subirons pas cette honte.

Non! dis-je, et s'il est des découragements que ne puissent relever ces circonstances qui m'ont redressé moi-même; moi, tombé si bas; moi, si longtemps noyé dans un désespoir sans nom et sans fond ; moi, transformé si tôt, de chef d'un beau mouvement plein de promesses, en émissaire chargé du poids de tous les malheurs et de toutes les fautes, écrasé de la somme de toutes les misères collectives et de toutes les douleurs individuelles, tout mal accompli se répercutant en moi, y élisant domicile, retentissant dans les cavités maladives et sonores de l'insomnie sans trève, s'irritant et se multipliant par les impitoyables clartés d'une prévision sans illusions et d'une pensée sans merci ; eh bien ! s'il en est parmi nous que les circonstances qui m'ont pleinement ressuscité au but et à l'espoir initial, n'y ressuscitaient pas pleinement encore, je sais, je sens et je vous dis qu'ils seront en petit nombre. Nous les attendrons à la première halte, dans le succès en voie de réalisation accomplie. Il nous rejoindront. Préparons-leur le chemin et marchons en avant !

V

J'ai toujours fait bien haut la théorie qu'il n'est pas d'hommes nécessaires. Infaillible dans l'ordre général, cette théorie ne l'est pas dans des ordres spéciaux et des entreprises déterminées, surtout dans tel moment donné, où celles-ci ont éprouvé de grands revers. Je l'ai senti pendant longtemps avec douleur et pour moi-même et pour les choses auxquelles ce sentiment me rivait par un anneau de fer ; je l'ai senti d'autant plus douloureusement que je me disais ceci : Je me disais, « si je laissais ces affaires dans l'état où elles » sont, nul, en une telle situation, aggravée encore par l'effet » de ma retraite, n'aura la volonté d'en tenter le relèvement,

» ou l'influence requise pour l'opérer. » Ce n'était pas vanité, ce n'était pas même à mes yeux question de capacité; c'était pure question de position; c'était un fait malheureux et sur lequel, pas plus que sur beaucoup d'autres, il ne m'était possible de me faire d'illusion. Et alors que tout était si noir en moi, j'ajoutais : « Le temps où nous vivons ne connaît » que l'intelligence, la morale et le jugement du succès. Le » succès justifie tout, le revers tue tout. Il n'en est pas, en » Europe comme en Amérique où, d'une chute, souvent, on » ne se relève que plus haut. En Europe toute affaire tombée » est bien près d'être morte, et tout homme tombé est un » homme mort. Il est difficile que l'esprit de leur époque ne » déteigne pas plus ou moins sur l'esprit des nôtres. Et puis je » suis bien loin d'eux! que je cherche, que je trouve et que » j'ouvre des issues, vienne même quelque secours extraor- » dinaire et inattendu des circonstances, écouteront-ils encore » ma voix? » — Je vous l'ai déjà confessé, amis? — et cela a peut-être été mon seul vrai péché dans toutes nos misères, comme cela m'a longtemps ôté la force de les dominer,—le coup frappé, une défaite pour début devenue inévitable, j'ai man- qué de foi en vous, et, par une justice de réciprocité, admis qu'il n'en saurait bientôt être autrement, pour moi, de la vôtre! Ce double doute et ce manque d'un remplaçant, constituaient le cercle vicieux d'impuissance dans lequel je me tordais, — et me mourais.

Hé bien! il est brisé ce cercle. Vous avez tenu beaucoup plus solidement que je n'avais osé l'attendre. Vous avez tenu malgré tout, et malgré mon long et désespéré et désespérant silence, et je crois pleinement aujourd'hui aux voix qui n'ont cessé de me dire que la mienne, dès qu'elle se ferait entendre, trouverait encore son écho dans vos âmes.

Il y a plus : c'est que ce silence est devenu aujourd'hui pour ma parole une force énorme ; car ce silence vous a donné un grand gage.

Sans fausse honte, je vous ai parlé des faiblesses de mon organisation, des lâchetés de mes nerfs, des misères de mon âme : sans fausse honte, je vous parle de ses supériorités et de ses forces. Je n'ai pas fait difficulté de vous montrer les revers; je n'en ferai pas plus pour le bon côté; et je parle librement de moi parce que je sais que je me juge justement, ce qui n'est déjà pas si commun, et que je rends au dehors, sans disposition à l'altérer, intègre, le jugement du dedans. Ce silence, dis-je donc, est aujourd'hui devenu un grand gage, car il prouve deux choses d'une valeur considérable: il prouve qu'il ne m'est pas plus aisé de me faire des illusions à moi-même, que possible d'en livrer ou d'en servir aux autres.

Ce silence qui me faisait, à moi, chef, et chef dans les rapports que nous avions ensemble, une position si compromettante et si étrange, qui aggravait tout, dont je comprenais parfaitement la portée funeste, et que, malgré les motifs les plus graves et tous les conseils, je n'ai pu si longtemps me décider à rompre, d'où venait-il? Quel en était, au fond, la cause? la cause capitale? quelle était la cause de ses autres causes? C'était que, d'une part, je voyais trop bien la réalité, ses caractères, ses suites forcées, et que je ne pouvais pas plus me faire d'illusions qu'en accepter de toutes faites à cet égard; et c'était qu'en même temps je ne pouvais pas, si je parlais, vous déguiser la vérité, ou seulement la désassombrir. Telle était l'impasse où j'étais acculé. Garder le silence, c'était un grand mal et donner tout à craindre; dire ce que j'eusse dit, le poids eût été trop lourd et eût tout écrasé. Je pesai ce dilemme et je jugeai que jusqu'au jour, s'il devait venir, où je pourrais, convenablement pour les intérêts dont j'étais chargé, reprendre la parole, je devais garder ce poids accablant pour moi seul. La Gérance elle-même fut six mois sans recevoir une seule ligne de moi directement. Ma pensée était ici d'accord avec mon manque de forces.

Dans les bulletins, à la guerre, en affaires, au service d'un parti ou d'une cause quelconque, on ment; c'est reçu. Dans une certaine mesure c'est tout à fait sans déshonneur; dans certains cas c'est commandé, ce peut être le salut, même le devoir. — Avec les nôtres, avec vous, même dans ces cas, je ne le puis. — Me fussé-je senti cette faculté, elle m'eût donné des ressources et des forces, je ne fusse point tombé, j'eusse aisément et suffisamment pallié le mal dans les débuts ; le mal lui-même n'eût pas été si loin ; j'eusse beaucoup plus tôt trouvé des issues possibles et relevé les affaires : et le retour au succès m'eût absous.

Eh bien ! même là-haut, même quand j'ai eu à parler, pendant trois jours, à la population assemblée, pour lui expliquer la combinaison adoptée ; quand tant de motifs réclamaient que cette population fût soutenue, encouragée, excitée ; quand il eût été facile de lui créer des illusions, pour le moment du moins, salutaires et bonnes ; que je n'eusse pas même eu à les créer, mais seulement à les prendre toutes faites et à avoir l'air de les partager, je ne l'ai *ni pu, ni voulu*. J'exposai la situation ; je montrai qu'elle n'avait avec mon plan qu'un rapport de renversement formel ; qu'elle me mettait dans la nécessité terrible ou d'abandonner les neuf dixièmes des personnes, — et justement les moins capables, — à leurs ressources et à leur sort quels qu'ils pussent être, ou de commettre un *abus de confiance*, un véritable *détournement de fonds*, en employant en frais et avances hasardées d'établissement pour ceux-ci, des capitaux qui ne m'avaient été confiés que pour préparer celui de leurs propriétaires ; que je prenais, moi, cette responsabilité *mortelle*, et qu'ils avaient, eux, dans leurs mains, avec leur propre sort à faire, celui de ces fonds, celui de la Société et le mien. Je déduisis les conditions d'ordre, de dévouement au bien commun, de travail consciencieux, d'économie, d'obligatoire sacrifice des appétits et des satisfactions présentes aux intérêts de l'avenir, auxquelles seules une issue favorable de la situation était possible. Je dis beaucoup d'autres choses, toutes vraies, toutes austères, toutes à la tonique de cette situation ; rien de plus, rien au delà. Je ne devais fermer à personne le champ de l'espoir et de la confiance ; je le laissai libre et ouvert, mais je ne voulus pas, pour inspirer l'une et l'autre, colorer ma parole de leurs teintes. Je ne rayonne que ce que je crois, et n'inspire que ce que je sens. Ce n'est point, mon Dieu ! force d'âme ; ce n'est point l'impératif absolu d'un devoir abstrait servi par une résolution stoïque ; c'est, beaucoup plus simplement, une répugnance native pour la fausseté, appuyée d'un *credo* très-décidé de ma raison à l'excellence de la vérité. — J'ai été beaucoup blâmé pour ce que je viens de rappeler : on m'a reproché de n'avoir pas « excité l'enthousiasme, etc., etc. » Loin de m'y soumettre, j'ai rabroué comme elles le méritaient ces censures. En circonstances analogues, les mêmes sentiments et les mêmes principes dicteraient encore ma conduite, et j'entends, sur ce point, mourir dans l'impénitence.

Certes, je sais en quelles passes on se peut voir réduit, à s'interdire toute issue qui dévie de la ligne de la vérité ; mais je sais aussi quelles forces on a réservé à une entreprise en se tenant sur cette voie *quand même.* Aux risques et périls de la nôtre, comme aux miens, je l'ai fait pour elle : et en gardant ainsi de quoi, aujourd'hui, la sauver et la grandir, j'ai bien mérité d'elle, de vous et de moi ; je m'en donne acte. Et si quelqu'un trouve ce langage bien fier pour un homme tombé, tombé si bas et qui l'avoue, je répondrai à ce quelqu'un, que s'il est des hommes qui tombent par leurs mauvais côtés, — et qui doivent se taire, — il en peut être qui tombent par leurs bons, qui gardent avec eux, si bas qu'ils tombent, de quoi se relever et relever ce qui est tombé sur eux, et que je suis debout avec vos affaires.

Dans le récit des circonstances qui sont venues en aide à ces affaires, j'ai fait avec intégrité la part des chances et de la fortune ; avec bonheur, celle des deux dévouements qui, l'un pour attendre, l'autre pour clore, ont permis et servi ces chances ; je fais maintenant la mienne pour nous avoir réservé la faculté de tirer un grand parti de ces chances et de ces services. C'est juste, et de plus, c'est utile.

Nous allons maintenant examiner ensemble trois questions, après quoi vous aurez, sur tout ce qu'il vous importe ici de savoir, mon opinion complète et pourrez vous faire la vôtre. Ces trois questions, les voici :

Me suis-je trompé dans le passé ? et dans quelle mesure ai-je trompé les espérances légitimes que je vous avais données ?

Avais-je été trompé moi-même ? et dans quelle mesure ?
Enfin, me trompé-je aujourd'hui ?

VI

Je commence par la dernière de ces questions, et sur celle-ci
je n'ai qu'un mot à dire. Vous avez, en effet, en mains les
éléments de la situation générale actuelle ; je les ai exposés
tout à l'heure ; vous pouvez aussi bien que moi les juger.
C'est une appréciation de simple bon sens. Pour moi, je le ré-
péterai, il y a plus d'un an, quand il n'y avait aucune probabilité d'une prompte levée de la Réserve, — au contraire ; —
quand il n'y avait aucune certitude que, même à l'époque de
cette levée, les terres loquées nous resteraient ; quand cependant les plus grosses de nos dépenses là-haut étaient faites ;
quand je n'avais encore qu'en projet, de ce côté-ci, les choses
dont aujourd'hui une bonne partie est déjà réalisée, — confor-
mément à mes prévisions d'alors ; — quand les circonstances
générales, — et même certaines circonstances locales (1), —
relativement surtout à de grandes acquisitions nouvelles, loin
d'être ce qu'elles se montrent aujourd'hui, ne pouvaient faire
prévoir que la continuation d'une hausse qui nous devançait:
dans cette situation, j'écrivais que, à la condition d'arrêter
la ruine à Dallas, et dût-on y perdre moitié, dût-on y perdre tout, on pouvait, avec ce que j'allais faire de ce côté et en
suivant cette voie, rétablir bientôt la balance.

Or, aujourd'hui, ce qui n'était alors qu'en projet, en hypothèse et en conditions à remplir, est ou exécuté ou en bonne
voie d'exécution ; aujourd'hui, et pour un temps qui s'ouvre,
il est certain que, du côté important, du grand côté, du côté

---

(1) Entre autres le chemin de fer de la mer à San Antonio, décidé
l'année dernière, commencé cet hiver, et que, — toujours fort heureusement pour nous si nous en profitons, — une circonstance for-
tuite, une misère, un mot de la loi, et un mot mal interprété encore
par les avocats de New-York, où les fonds étaient faits, est venu
suspendre.

d'avenir enfin, on peut opérer très-largement encore et à
meilleur compte qu'on ne l'eût du calculer l'année dernière.
D'autre part, je connais mieux la valeur de ce que nous avons
acquis déjà et de ce que nous en pouvons faire, et finale-
ment, au lieu de compter pour perte sèche, au besoin, tout ce
qui s'est engouffré dans le comté de Dallas, l'opinion du pré-
cédent directeur et celle du directeur actuel sont que , faite
comme elle doit et peut l'être, la liquidation normale y recou-
vrera tout et produira peut-être un bénéfice à la Société. Je
n'en demande pas tant, et n'en dirai pas davantage. Sur cette
première question chacun reste juge. Voyons la seconde :
« Avais-je été trompé moi-même et dans quelle mesure ? »

VII

Sur cette question, j'ai dit déjà les déceptions que j'avais
rencontrées en arrivant à New-York. La principale était la su-
bordination à de premiers succès du concours sérieux sur
lequel j'avais dû compter de la part de nos amis américains.
Ce concours nous était plus nécessaire alors qu'aujourd'hui.
Il serait toujours excellent ; mais, — je ne suis pas suspect de
n'y avoir pas attaché un grand prix, — je déclare que nous
pouvons nous en passer. De plus, j'ai de très-bonnes raisons
pour croire que , à la condition de le provoquer directement
et du sein d'une position que nous pouvons promptement
nous faire , il nous reviendrait encore abondamment et sous
plusieurs formes, sinon indispensables toutes, du moins fort
utiles.

Je ne mettrai point au nombre de mes déceptions et des
vôtres mon désistement en demande de concessions territoriales à la législature texienne, cela pour deux raisons : d'abord
parce que, pour avoir cru la chose possible, je ne l'ai pas fait
entrer, même comme une probabilité, dans nos calculs ; — se
fût-elle réalisée, nous l'eussions prise comme surcroît. La seconde raison, c'est que, aux embarras et aux difficultés de
tous genres que ces sortes de concessions ont entraînés, même

à leurs meilleurs temps, j'ai compris les causes d'une opinion fort accréditée ici : c'est que, en fait de colonisation et aux prix où sont encore les terres, il vaut mieux, pour une Compagnie, acheter les siennes que les recevoir *gratis* du gouvernement.

Abordons un chapitre plus grave, celui des avantages réels, des ressources sérieuses, des conditions de base que le pays offre à une colonisation bien conduite. Ai-je été trompé sur ce chapitre et vous ai-je induit moi-même en erreur ?

Sur ce point capital, — sauf les changements dans les conditions territoriales survenus pendant mon séjour en Europe; changements dont j'ai parlé et dont vous pouvez déjà apprécier la valeur intrinsèque; changements dus d'ailleurs à l'accélération « de ce mouvement de spéculations et d'affaires que je vous signalais comme imminent au Texas, » et que la fortune aujourd'hui semble suspendre un moment pour nous offrir revanche, — sauf ces changements, je n'ai, sur ce point capital, rien à retrancher à ce que je vous ai exposé dans mon livre.

Peut-être cette opinion est-elle déjà suffisamment soutenue par celle des deux derniers directeurs de nos affaires dans le comté de Dallas, que je rapportais tout à l'heure; car pour que celle-ci y puisse être exprimée après tout ce que nous y avons subi et tout ce que nous y avons fait, après tant de triste travail et de tristes travaux, tant de désordre et de gâchis, il faut bien reconnaître, dans le pays lui-même, des ressources miraculeuses. Mais j'ai mieux à dire en citant des faits accomplis. Il suffit, pour en trouver, de visiter un peu ce pays en ouvrant les yeux.

Que l'on passe seulement deux heures à Castroville, à New-Braunsfels, à Frederiksburg, ces colonies d'Européens datant à peine de dix ans; que l'on se rende un peu compte des conditions dans lesquelles tout cela a été fait, que l'on se demande avec quelles ressources cela s'est fondé et développé, — et que l'on estime les résultats acquis à leur valeur! Voilà pour la colonisation européenne. Les populations ici sont des Allemands et des Français, les derniers surtout Alsaciens.

Quant au mouvement américain il est bien autrement rapide encore. Lorsque je vins, dans l'automne de 1855, de Dallas à Austin, je rejoignis aux deux tiers du chemin la route que j'avais suivie du fort de Graham à cette dernière ville deux années auparavant. La partie de contrée à laquelle appartient ce dernier tiers est sans contredit une des plus arides de l'État. Eh bien ! je reconnaissais parfaitement ma route, telle rivière que j'avais passée, telle ligne de bois que j'avais traversée ; c'était bien, à n'en pas douter, ma route. Cependant, par moments, j'en doutais tout à fait, et quand nous arrivâmes à Belton, où je n'avais vu, il y avait si peu de temps encore, que quelques mauvaises baraques, je me demandais si ce n'était pas un rêve ou si nous n'avions pas dévié de l'ancien chemin. Comment tant de maisons, de grandes constructions en maçonnerie, tant de changements, tant de travaux et un tel accroissement avaient-ils pu se faire en deux ans ! Roger, qui était avec moi, fut témoin de mes surprises. Je n'en revenais pas.

Sur la route d'Austin à San Antonio je n'éprouvai pas les mêmes surprises, parce que je n'avais pas vu précédemment cette ligne ; mais je trouvai le pays très-peuplé, et je sais maintenant que la transformation accomplie depuis quelques années dans ces parages est bien plus merveilleuse que celle dont je viens de parler. Il n'y a pas longtemps, qu'entre Austin et San Marcos, qui n'était rien, San Marcos et New Braunsfels, cette dernière ville et San Antonio, on ne trouvait rien, rien du tout. Qu'on y aille maintenant voir ! Non, les Européens, les gens qui ne sont jamais sortis des vieilles contrées, ne veulent pas croire les dates de tous ces établissements, de toutes ces créations, quand, en faisant la route avec eux et les leur montrant un à un, on les leur donne.

Et plus à l'Ouest, sur la route du Mexique, de ma première expédition au *Canon* de Uvalde à la seconde, — moins d'un an, — les bords du Hondo se sont peuplés d'une manière vraiment extraordinaire. A chaque nouveau passage, à quelques mois de distance, ce sont de nouveaux changements à vous dérouter. Il en est de même d'ailleurs sur nombre d'autres cours d'eau, l'Atascosa, etc., qui n'étaient, il y a deux ans, il y a dix-huit mois, il y a un an, que de parfaits déserts. — Et par qui ce peuplement si prompt des solitudes de l'Ouest? Par des Américains ; par des gens qui quittent les vieux États pour celui-ci, qui savent parfaitement ce qu'ils font en agissant ainsi, et qui ne viennent plus au Texas en état de banqueroute ou en rupture de ban, — comme c'était fréquemment le cas il y a dix ans, — mais souvent avec toutes les armes et tout le bagage de la grande propriété. Enfin, sans sortir de San Antonio où j'écris ceci, à quelques mois de distance, des quartiers entiers du plan de la ville sont tout à fait méconnaissables : les anciens par des reconstructions ou des constructions nouvelles, d'autres pour être sortis des champs.

De tels faits parlent. Et que leur répondrait-on ? Que l'autre hiver a été très-dur, l'été dernier très-sec et — juillet et août, — extraordinairement chaud ? Que ce printemps a été détestable, pour la végétation du moins, par son manque de pluie et ses retours de gelées tardives ? Cet été-ci très-sec encore, et que, par suite d'un tel enchaînement d'excès et de contretemps, l'aspect de la campagne est désolant dans des districts entiers.

Tout cela est vrai, et j'avoue que je ne m'attendais pas à des écarts pareils de l'année commune. On aime à croire ce que l'on désire : cependant, je me rappelle fort bien qu'en examinant, à Bruxelles, avec un ami beaucoup plus compétent que moi en horticulture, les tableaux de température publiés à la fin de mon livre, et y voyant accusés des froids de 11° au-dessous de zéro, j'avais quelque peine à admettre que la culture des plantes tropicales ne nécessiterait ici que quelques légers abris d'hiver. Mais les cactus, les sensitives, nombre de plantes qu'on ne cultive qu'en serre en Europe, et qui couvrent ici la prairie, foisonnent dans les bois ou aux bords des eaux, m'inclinaient à cet espoir agréable ; et nous raisonnions dans l'idée que les coups de Nord ne durent pas plus de trois jours, idée que j'avais rapportée de mon premier voyage, parce que chacun s'était accordé à nous le dire. L'hiver de 1855-56, les *Northers* se sont succédé presque sans interruption pendant six semaines, et le thermomètre est descendu parfois jusqu'à 15° ou 16°. Certes, je ne m'attendais nullement à la possibilité d'une pareille saison dans ce pays, et je serais cette fois, malheureusement pour la culture tropicale, plus décidé dans ma résistance. Je dois dire cependant que j'ai fait sur une telle anomalie des questions sans nombre, et mes renseignements ne me trompent pas. Eh bien ! de mémoire des plus anciens habitants du pays, il n'y a pas eu de pareil hiver au Texas ; il faut remonter très-haut pour en trouver qui en approchent.

La chaleur que nous avons eue à supporter l'été dernier à Austin y excitait à son tour des plaintes violentes *et comme d'abus*, quoique la chaleur passe pour y être toujours plus forte et surtout plus pénible qu'à San Antonio — plus au sud de 80 milles, —et peut-être même sur les points les plus extrêmes de la frontière du golfe qui ne sont plus qu'à trois degrés du tropique. Ce qu'il y a de certain c'est que ni l'été de 1853, ni celui de 1855, ni celui-ci, — qui en font trois, sur quatre que j'ai vus au Texas, — n'ont eu rien de comparable avec ces deux mois d'Austin l'année dernière. — Quant au dernier hiver, il s'est montré ici une saison vraiment magnifique. Quelques coups de Nord, soufflant ferme pendant les premières heures, s'abattant le second jour, indiquant à peine la direction du vent le troisième, pour céder la place, le quatrième, à la brise du sud, et donnant la première et la seconde nuit, par un ciel étincelant, quelques lignes de glaces sur les eaux dormantes, telles en ont été les plus grandes rigueurs : de la fin d'octobre au commencement de mars, il y a eu cinq ou six de ces Northers, tous aussi réguliers, tous semblables. Sauf le peu de jours qu'ils ont pris, — et qui constituaient pour la plupart encore de très-belles journées d'hiver, — tous les autres, laissés aux brises du golfe, étaient de superbes journées de mai d'Europe, invitant au bain dans les eaux si belles du San Antonio, et toujours tempérées tant qu'elles ne sont pas trop loin de leur source (21° hiver et été). — Le froid s'est montré plus long, et encore assez rigoureux dans le haut pays, où s'est produit le phénomène singulier d'un verglas de dix jours. La différence de la saison, beaucoup moins sensible l'hiver de 1855-56, s'est montrée cette fois très-considérable entre les deux latitudes.

Il est certain que, sauf en des points exposés au Sud et bien abrités par des montagnes, il faut, même à la latitude de San Antonio, renoncer à la culture des plantes tropicales dans les conditions faciles que je disais tout à l'heure, au moyen desquelles nous nous efforcions de la croire possible. Cependant, encore à la hauteur de Dallas, la canne à sucre, traitée comme en Louisiane, et le bananier peuvent, année commune, très-bien réussir.

Il y a cinq ans, M. Guilbeau a mis en terre, ici, deux petites racines de bananier. La plante marchait très-bien ; mais l'hiver tuait les tiges qui devaient porter les fruits l'année suivante. Son jardinier a eu l'idée de les coucher pour cette saison en lits recouverts d'un pied de terre. Au lieu de pourrir, les tiges ainsi entassées continuent lentement à végéter tout l'hiver et donnent abondamment des repousses nouvelles et de superbes régimes l'été suivant. Il y a maintenant des milliers de bananiers dans la ville, provenant de ces deux racines. J'en ai porté moi-même, à Dallas, dans une boîte grosse comme la tête, neuf pieds dont sept mis dans le grand jardin, se sont admirablement développés, et qui, traités par la méthode très-facile que je viens de dire, auront introduit dans le haut pays cette plante si belle et si riche. — Ici, les gelées tardives de mars et d'avril, qui ont emporté les pêches et les autres fruits, ont aussi atteint presque tous les régimes sortis sous terre ou près de sortir. On aura été plus heureux là-haut, si la saison plus rigoureuse a dicté plus de prudence et fait prolonger la station souterraine. Malgré ce printemps anormal les pousses à fruits sont, bien entendu, seules compromises.

Ces gelées, au reste, ont montré jusqu'où va l'acharnement de la végétation dans ce pays-ci : les *china trees*, et d'autres essences, ont deux fois, et la vigne jusqu'à trois fois, renouvelé sous nos yeux leurs fleurs. Cousin m'écrivait le même fait dont il avait, comme moi ici, été frappé là-haut. Les blés d'automne, saisis très-avancés par ces gelées, ont encore donné demi-récolte, et ceux de printemps, partout où l'on a ressemé sur les premiers, récolte entière. Les grenadiers, dont on fait des haies, et les figuiers, dont les Espagnols avaient couvert le pays, repoussent malgré le peu d'eau tombée depuis l'année dernière, comme pour venger ces échecs répétés et en effacer bientôt les traces. Il en est ainsi de tout ce qui a quelque fond de racine en terre. Il est certain que si ce climat, jeune et encore indocile, a des accès ou des excès, le sol, par sa prodigieuse fertilité, la végétation, par ses obstinations indomptables, la nature vivante enfin par les énergies de sa propre jeunesse, sont de force à lui tenir tête, à dominer ses écarts, et, en tout cas, à réparer bientôt les dégâts de ces emportements les plus anormaux eux-mêmes.

Oui, j'ai vu, dans ce pays, le plus rude hiver qui s'y puisse, précédant l'été le plus chaud et le plus sec, suivi lui-même d'un hiver sans pluie, d'un printemps toujours sec et désolant par ses retours de gelées en mars et en avril, et suivi encore d'une sécheresse d'été jusqu'ici complète; ce n'est pas la peine de compter ce qui est tombé d'eau à San Antonio et dans les environs depuis l'automne. Hé bien! tel qu'il est, avec la possibilité qu'il faut bien admettre du retour de semblables chances, enchaînées même les unes aux autres et décuplant ainsi par leur concours les effets de leur hostilité; tel qu'il est, avec ces chances, — admises pour ce qu'elles doivent peser, — je dis que de tous les beaux pays où l'on peut raisonnablement aujourd'hui songer à faire de la colonisation avec des races du Nord, celui-ci est toujours à mes yeux au rang des plus favorables et des meilleurs. J'ajoute que, n'y fussions-nous pas engagés, fussions-nous libres, — avec tout ce que je sais à l'heure qu'il est, — je n'en chercherais pas d'autre.

Le Texas est, tout entier et par excellence, un pays pour la production et l'élève du bétail, des chevaux, des porcs, de tous les animaux domestiques. Il faut voir comment toutes les espèces s'y sont multipliées, s'y portent, s'y développppent et y prospèrent ! Et au prix de quels soins ? Dieu le sait ! aucuns. S'il y a au monde un fait acquis, c'est celui-là.

Hé bien ! voici une série de circonstances tellement concaténées que, ici, sur un assez grand rayon, au printemps même, l'herbe manque ! qu'en été, la prairie si touffue, si fournie et si verte d'ordinaire, rasée, noire ou jaune, bien pire qu'au cœur de l'hiver, n'offre plus à l'œil qu'une terre écorchée et desséchée et qu'il faut envoyer les troupeaux se nourrir à l'Ouest, au delà de Castroville, sur le Seco, sur le Sabinal, sur le Frio, jusque sur le Nueces, et d'autres au Sud ou à l'Est, où l'herbe est belle et verte parce qu'il y est tombé de l'eau. — Et l'on voudrait que je m'effrayasse d'un tel état de choses? Est-ce que, si les conditions qui ont amené cet état, pouvaient s'y reproduire aisément, s'y montraient un peu fréquemment et largement, est-ce que ce pays serait ce qu'il est sans conteste, un pays des plus favorisés pour l'élève du bétail et de tous ces animaux qui, depuis l'hiver de 1855 jusqu'à ce moment-ci, ont eu tant à souffrir ?

Pour moi, je suis enchanté d'avoir vu ces successions d'excès et d'extrêmes dont je suis témoin depuis deux ans. Je connais maintenant le climat et le pays par leur pire. Et quand je vois ce que *l'on y peut faire* et ce que *l'on y a* dans de pareilles conditions, à la suite d'une telle combinaison de telles circonstances, je me tiens pour plus que rassuré sur tous les cas possibles. Vous allez en juger.

Il faut savoir que, sous la domination espagnole, la vallée plate et très-ouverte où coule le San Antonio était, sur de longs espaces, sillonnée d'*asequias* ou canaux d'irrigation, dont plusieurs subsistent et marchent encore ; les autres, à demi comblés, sont faciles à rétablir. L'état de guerre inauguré dans le pays en 1810 pour ne cesser qu'à la reconnaissance du Texas comme membre de l'Union américaine, a détruit ce système. Cette belle création d'unité, due à l'action des missionnaires espagnols, n'étant ni dans les traditions ni dans les habitudes, ni même dans l'esprit des nouveaux maîtres du pays, l'abandon a continué l'œuvre de la guerre.

Mais si l'œil s'attriste à voir sur les territoires dépendant de la ville et des anciennes missions échelonnées le long du San Antonio, tant de cultures encore si florissantes au commencement du siècle, transformées aujourd'hui en immenses jachères, les morceaux placés sous l'action des *asequias* qui fourmillent encore, et le contraste merveilleux qu'ils offrent cette année avec la campagne ambiante, par l'enseignement qu'ils font éclater, par l'idée qu'ils commandent de ce que l'on peut faire dans ce pays, de ce que, en tout état de cause, l'on y *peut assurer* en *assurant l'eau*, me dédommagent amplement pour ma part.

Je viens d'aller revoir des jardins placés sous l'*asequia* du San Pedro, cultivés par des Allemands, et où tout est réuni : nos choux à côté de l'ocra de la Louisiane, nos laitues près des bananiers des Antilles, notre persil, notre céleri, nos oignons, nos melons, haricots, les haricots du Mexique, les pastèques, les tomates, les patates, les poivriers, d'énormes tubercules des Sandwich dont les feuilles en bouclier atteignent un mètre de long sur soixante-dix centimètres de large, des maïs hauts comme des arbres, puis des balisiers gracieux, des fleurs, des lianes, que sais-je? tout ce que l'on a pu y mettre ou tout ce qui s'y est mis. Hé bien ! c'est une forêt de légumes noyée dans des flots de verdure, une exubérance tropicale, une véritable orgie de végétation. Et cela, cette année, après tout ce que vous en savez, en plein été, quand il n'a pas plu sérieusement depuis l'automne, et quand, jusqu'au commencement de mai, tout ce qui était vert a été par trois fois impitoyablement tué par des gelées violentes.

Tous les champs de maïs atteints par l'irrigation font entendre le même langage : *Avec l'irrigation on peut tout,* et pour ne parler que de ce qui est encore la seule base d'une culture émergeant d'un abandon de cinquante années, l'irrigation assure, quoiqu'il arrive, soixante boisseaux de maïs à l'acre. — C'est du Mexique, par delà le Rio-Grande, — pays d'irrigation, — que le maïs est venu ce printemps, à longues journées de bœufs, faire face ici au déficit de la dernière récolte.

La corporation (municipalité) de San Antonio a cependant commencé la restauration des *asequias* sur son territoire. Grâce à une nouvelle charte, préparée et obtenue de la dernière législation par les soins de mon ami Supervièle, membre du sénat pour le comté de Bexas, il est à espérer qu'elle achèvera son œuvre. Néanmoins, les Américains, avec les habitudes enfermées et cet amour de l'isolement, si caractéristiques chez eux, des hommes des frontières, sont encore loin d'appeler l'irrigation comme secours et système de culture. Ils la repoussent même ou plutôt la laissent délibérément. « L'ir- » rigation, disent-ils, assure toujours de très-belles récoltes, » cela est certain ; mais les conditions ordinaires et les chan- » ces communes nous suffisent. Les bonnes années compen- » sent assez les accidents, et nous réussissons très-bien, sans » nous imposer des travaux qu'il nous faudrait plus d'agglo- » mération et des voisinages plus rapprochés que nous ne les » choisissons de coutume, pour nous donner la tentation de » les entreprendre. Chacun sa mode — et son mode. » — L'Américain, d'ailleurs, se plaît aux chances : celles que la sociabilité fournit à l'habitant des villes n'affluant pas aux *settlements* des frontières, je ne sais ma foi pas si la plupart de ces sentinelles avancées des terres policées, sans s'en rendre compte, ne sont pas satisfaites d'en rencontrer du moins dans les éléments et d'en conserver dans la nature.

Quoi qu'il en soit, avec l'eau, on peut tout. En ne comptant que sur celle du ciel on peut beaucoup encore. Et même, dans les débuts, à condition de ne point courir après l'absurde, de ne point rejeter, par exemple, les plantes indigènes, les légumes dont les variétés croissent naturellement et ceux dont la rusticité dans les données locales est déjà établie, pour forcer tout d'abord tous les semis et tous les produits d'Europe, pour s'acharner et s'absorber dans des expériences aléatoires de superflu en négligeant le nécessaire éprouvé et sûr ; à ces conditions de simple bon sens on peut très-promptement remplir tout l'exigé d'un bon programme. La perfection, la grande multiplicité, le luxe des espèces et des variétés viendront plus tard.

Les bords du San Antonio et du San Pedro sont verts, en
toute saison, des plus beaux cressons de fontaine : les hectares
d'eau qui, par places, en sont couverts, touffus et serrés comme
les champs les plus épais de pois ou de luzerne, et qui nour-
rissent des troupeaux en hiver, n'ont, je le pense, rien qui
leur puisse être comparé, rien qui en approche dans les plus
belles cressonnières de France. Tout cela vient d'une pincée
de semence qu'un Français, M. Marchant, a jetée il y a quelques
années sur un filet d'eau à l'une des sources. — On en peut
faire autant partout, aux têtes de tous les ruisseaux, de toutes
les rivières, à toutes les sources.

Il n'y a pas de sécheresse qui empêche toute terre remuée
de se couvrir d'un beau pourpier. Plusieurs espèces d'éno-
taires et d'autres plantes à manger en salade, en asperges ou en
épinards, poussent tout aussi vigoureusement d'elles-mêmes.
Il en est ainsi de plusieurs bonnes variétés d'oignons, dont
les bois ou les champs sont pleins. L'ocra, qui s'utilise à tout
âge et de dix manières, qui offre tant de ressources aux plan-
teurs et dont on n'a rien su ou voulu faire là-haut, porte à
quatre ou cinq pieds ses touffes de belles feuilles, de fleurs et
de fruits, sans réclamer de soins. Les artichauts, là où on les
a mis, tiennent comme de la mauvaise herbe. Les melons
d'eau se ressèment d'eux-mêmes aux bords des chemins et
poussent dans les champs sans qu'on y prenne souci. Toutes
sortes de melons, de courges, de potirons excellents, viennent
aussi facilement. J'ai sous les yeux un terrain où l'on avait
fait autrefois une planche d'asperges. Les précédents locataires
l'ont labouré et mis en maïs. La charrue y a passé plusieurs
fois ; le maïs a été récolté ; la terre est rentrée en friche ; les
vaches et les chevaux y ont passé : les asperges y sont toujours ; elles s'obstinent à reparaître, à repousser ; nous en
avons mangé, et avec quelques soins on remettrait certainement la planche dans un état satisfaisant.

En somme, et sans énumérer tout ce qu'une horticulture,
même grossière, peut promptement et en toute année donner
de ressources dans ce pays, je dis qu'un simple semis de huit
ou dix espèces végétales, qui y pousseraient comme chiendent

dans toute terre grattée, suffirait amplement aux besoins de gens qui ne s'effaroucheraient pas trop de mener, un an ou deux, la vie de pionniers. Ce qu'il y a de certain, — si cela peut servir de mesure, — c'est que Mme Considerant, sa mère et moi, nous nous en contenterions fort bien. Mais brisons sur ce sujet, — où il y aurait encore beaucoup à dire et auquel je me réserve de revenir. Les pays où l'on trouve tout ne sont pas des pays à coloniser; et quand on en cherche pour coloniser, il ne faut pas tant se demander ce que l'on y rencontrera que ce que l'on y pourra mettre. Une contrée qui est la plus belle du monde pour la culture des céréales et pour l'élève de tous les animaux utiles; où le coton prospère à côté du maïs et du blé, et où la canne à sucre elle-même se peut récolter avec succès, une telle contrée regarde l'avenir avec confiance. — Ce sentiment est tout fait ici, et s'il n'est plus possible d'obtenir du gouvernement des concessions de terres, si le bénéfice traditionnel de la préemption a été retiré lui-même, c'est qu'il n'est pas un des représentants du pays qui ne professe que le pays n'a plus besoin de faire aucun cadeau pour s'attirer du monde. Ce thème a été développé et répété cent fois aux dernières législatures et n'y a pas trouvé un contradicteur. Mais brisons sur ce sujet, disais-je, et terminons par cette seule observation, à savoir : qu'il est encore facile d'occuper ici de beaux et grands emplacements, sur lesquels, sans sortir des moyens les plus ordinaires, une colonisation suffisamment agglomérée et distribuée comme le requièrent les goûts et les convenances des Européens, ne manquerait pas de créer, dans un temps donné, de beaux réseaux d'irrigations. — Cela suffit et répond à tout et de tout pour un avenir qu'on est libre de se faire.

Voilà pour la productivité du pays. Quant à la salubrité, je n'ai rien non plus à changer à ce que j'ai dit dans mon livre; je n'ai qu'à ajouter ceci : c'est qu'à mesure qu'on s'éloigne de la frontière de l'Est, les points sur lesquels elle serait, en tout pays, compromise par des circonstances toutes locales, deviennent de plus en plus rares. Pour trouver, dans l'Ouest, des localités fiévreuses il les faudrait chercher. Le pays en masse est ce que l'on peut désirer de plus favorable à la santé, plus salubre et plus sain, il n'y a pas à hésiter à le dire, que tout ce que je connais de la France où, — sans parler des contrées fiévreuses, — du petit au grand, des rhumes de cerveau et des maux de gorge aux rhumatismes, aux fluxions de poitrine, etc., etc., on est toujours dans les aventures, les drogues et les médecins. On ne voit guère ici que des maladies qu'on peut appeler en quelque sorte *volontairement provoquées*.

Je n'ai pas davantage à modifier ma première publication en ce qui concerne l'agrément de climat et les chances d'existence qu'il offre à l'homme. Je ne pense pas qu'à ce point de vue, il y en ait de plus beaux en même temps que de mieux appropriés aux races du Nord de l'Europe. J'y ai vu l'hiver le plus violent et un hiver très-doux. Celui-ci, avec la température ordinaire de la dernière moitié de l'automne et de la première du printemps, suffit pour corriger la détente musculaire que l'été travaille à produire et qui deviendrait bientôt chronique et conduirait des races du Nord à une dégénérescence par énervement, sans cette périodicité certaine qui ramène chaque année le thermomètre vers son zéro et le fait descendre au-dessous de temps en temps. — Quant à cet hiver terrible, en quoi a-t-il consisté après tout ? six semaines de grands froids, dont quelques jours ont été brumeux et neigeux ; d'autres, en plus grand nombre, soumis à des vents que des poumons délicats ne feraient pas prudemment d'affronter ; mais, pendant cinq semaines peut-être sur ces six, le temps était clair, le soleil splendide, et la promenade au-dehors, en paletot d'hiver, saine, fortifiante, *invigorating*, comme on dit ici par une expression qui nous manque, et produisant cette sensation d'agrément viril que le corps aspire en s'assimilant un air chargé d'éléments toniques, retendant ses fibres et rendant leur plus forte trempe à tous ses organes.

Sans doute, ah ! sans doute, une population transplantée

avant le temps et les préparations nécessaires, logée dans des
boites ouvertes, entre des planches disjointes, dans des trous
sans feu , où le thermomètre marque juste le même degré
qu'en plein air, où le vent souffle à éteindre la chandelle, où
le bétail d'Europe greloterait et où en Europe on ne le lais-
serait pas, malcontente d'ailleurs et ayant mille raisons de
l'être, aux trois quarts pour le moins démoralisée ; sans doute
une telle population doit souffrir beaucoup d'une telle saison
et se montrer même fort peu apte à en prendre le bon côté ,
ce qui demande , je ne dirai pas de l'énergie , mais une certaine disposition allègre, ou une volonté de la raison. J'admets
cela ; seulement, pour l'avenir du moins, je n'admets pas cette
situation ; j'admets au contraire qu'il est facile de construire
ici, à fort peu de frais et en quelques jours,— je dis quelques
jours,—des habitations qui, pour provisoires qu'on les veuille
tenir, mettraient complétement et parfaitement leurs habitants
à l'abri de toutes ces rigueurs; leur fourniraient des logements
très-sains , propres et réunissant déjà toutes les conditions
de ce que j'appellerai le premier degré du comfortable, ou le
comfortable de premier degré , — je dis comfortable, car le
nécessaire, pour des pionniers, n'en demande pas tant.

J'écris ceci en face d'un *hacal* de 9 mètres sur 4ᵐ,50, divisé
en deux pièces, et construit par un Français il y a six ou sept
ans. Son genre de construction mérite le nom d'*élégant*, je
veux dire que, fussent seulement les baies autrement dispo-
sées et disproportionnées , l'aspect en serait très-agréable et
architecturalement irréprochable. — En voulez-vous le devis?
10 à 12 dollars de bois ; 10 à 12 journées de deux hommes,
disons 15. En sus, le prix des portes et des fenêtres.—L'année
dernière encore le gouverneur du Texas était logé dans une
maisonnette en planches qui, ni pour l'espace ni pour le com-
fort, ne valait ce hacal. Il est certain qu'avec quelques riens,
quelques arbres, quelques plantes grimpantes ou des nattes à
25 sous le mètre carré, des bois de caisses pour plancher et un
peu de goût, on se donnerait, en ce genre , des habitations
charmantes, très-saines , chaudes par le froid et fraîches en
été. M. Poinsard, qui s'était construit ce hacal, fait maintenant

des pisés plus économiques encore que cette construction, là du moins où le bois brut, comme en ville ici, est cher. Les Américains construisent aussi beaucoup, depuis quelque temps, en bétons faits avec des pierres, du sable et de 1/20 à 1/40 de chaux ; le béton de Coignet est d'ailleurs ici parfaitement praticable, et avec l'un ou l'autre de ces procédés, on pourra aussitôt qu'on le voudra, dans des localités convenablement choisies, faire du définitif à peu de frais. Les matériaux en sont partout : il n'y a que du travail à mettre.

Les conditions de la bonne habitation, pour l'été, sont tout aussi facile, et plus encore, à réaliser que celles que l'hiver réclame. C'est une simple question d'intelligence. — Mais d'abord il faut renoncer au système des villes du Nord, sottement transporté et servilement copié partout dans le Sud. Toutes les villes de ce pays-ci sont déjà ou doivent devenir un peu plus tôt un peu plus tard, pendant deux ou trois mois de l'année au moins, des séjours insupportables. Ces blocs de maisons le plus souvent mal orientées, qui se masquent l'air les unes les autres ; dont les fenêtres à guillotine ne reçoivent que la moitié, souvent moins, du peu qui en vient ; qui se lancent comme des miroirs ardents des réverbérations brûlantes, et que le vent noie, dès qu'il se tend un peu, dans des tourbillons de poussière où elles disparaissent parfois totalement, réalisent au gros de l'été un véritable enfer. Tel ai-je déjà, malgré la largeur de ses rues, trouvé Austin dans certains quartiers, par des chaleurs, il est vrai, extraordinaires même pour ce point, — Austin, localité mal partagée, comme je l'ai dit, sous ce rapport quoique admirable sous beaucoup d'autres, et où il eût été si aisé de corriger ce défaut et d'adopter un plan excellent en se contentant d'épouser fidèlement un terrain merveilleusement accidenté et si magnifiquement disposé pour l'assiette et le développement d'une capitale.

La question d'été, pour les habitations, — c'était bien expliqué déjà dans mon livre, — n'est qu'une affaire d'emplacement, d'orientation et de suffisant isolement. Toute habitation ouverte en plein sud, ou mieux encore, inclinée de 10° à 15° à l'est, un peu élevée au dessus du sol ou posée sur un sol un peu élevé lui-même et penchant vers le midi ; défendue, de ce côté seulement si l'on veut, par une légère vérande, celle-ci ne fût-elle qu'en toile ; tenue, toujours du même côté, à distance suffisante d'un voisinage trop battu et poudreux ; soustraite à la réverbération d'autres maisons trop proches : toute habitation, dans ces conditions faciles à réunir pour peu qu'on se les soit posées à temps, réalisera une bonne habitation d'été. Qu'au lieu de planches elle soit en troncs d'arbres, en pisé, en béton ou en pierre ; qu'elle ait un toit de chaume un peu proprement fait, ou un simple plafond de toile blanchie à la chaux sous un toit de bardeaux ; donnez-lui des persiennes ou des stores, des plantes grimpantes aux poteaux de la vérande, des ombrages, que l'on peut, ne fut-ce qu'avec les jolis *china trees*, se procurer très-beaux déjà et très-épais en trois ans, si l'emplacement choisi n'en était déjà pourvu d'avance ; qu'un peu de goût ait présidé à ces arrangements faciles, et vous aurez une habitation fraîche et gentille, où la brise qui, on peut dire, jamais ne fait défaut dans la journée, tamisée dans l'ombre et gouvernée comme vous l'entendrez, vous fera passer très-bien les heures les plus chaudes et attendre sans impatience ces soirées charmantes et ces nuits délicieuses que ne nous font point connaître nos climats du Nord, — ces nuits qui rendent les âmes chantantes et qui feraient de si beaux ralliements à une population au caractère gai, et aux tendances quelque peu artistiques, pour peu qu'elle trouvât quelques motifs de contentement d'ailleurs.

Nous voici par 29° 1/2 de latitude, à six degrés du tropique, au cœur de l'été, — les premiers jours d'août. — Hé bien ! le travail n'est ni suspendu ni ralenti. Beaucoup de gens, j'en conviens, dans des boutiques absurdes, dans des trous suffocants et grillés, au centre de la ville, essuient sur leur front la sueur et souvent la poussière pendant cinq ou six heures du milieu du jour. Mais ceci n'est point la faute du climat ou de la nature. Ni l'une ni l'autre ne sont coupables de cet entassement de bicoques ; ils conseillaient, ils ordonnaient tous deux le contraire. Le travail au grand air n'est pas suspendu et ne semble même pas ralenti. Les maisons en construction

montent tout aussi rapidement qu'au printemps ou pendant
l'hiver : Allemands, Français, Mexicains, Américains, Italiens,
Polonais, — il y a ici des gens de toutes les patries, — taillent
la pierre et la scient, charpentent, maçonnent, creusent les
puits, arrosent les jardins, etc., etc., en plein soleil. Ceux qui
travaillent à l'ombre et au vent ne se plaignent pas; ceux que
le soleil darde se plaignent de lui, mais reconnaissent que la
brise est bonne. En somme, je le répète, il n'y a pas de ralen-
tissement sensible dans les ateliers, dans les chantiers, dans le
cours du travail, du fait de la saison, pas plus qu'on n'entend
parler d'un accroissement de maladie dans leur personne.
L'état sanitaire de la population toute entière est très-satis-
faisant, et l'année n'est cependant favorisée par aucun adou-
cissement exceptionnel, par une température moins haute que
de coutume, par des pluies rafraîchissantes, — au contraire.

De tels faits parlent. Un pays où, non à des mois, non à des
semaines, mais à des jours près, année commune, le travail
extérieur n'est jamais forcément suspendu du fait de la rigueur du temps, été ou hiver; qui donne assez de froid dans
cette dernière saison pour maintenir à leur ton l'organisme
des races du nord; assez de brise en été pour que le soleil,
souvent voilé d'ailleurs, y puisse être impunément bravé lui-
même; et, après les jours les plus chauds, des nuits rafraîchissantes et réparatrices; un tel pays est jugé. La santé, il la
prodigue; le bien-être, l'agrément, le charme, il ne les assure
pas à tout moment, directement, sans exceptions ni conditions,
mais il en contient tous les éléments; rien n'est plus aisé que
s'abriter contre les courtes exceptions, et de réaliser toutes les
conditions qu'il demande pour garantir ces bienfaits. Je le
répète, c'est pour le développement de la vie humaine un
champ superbe; et, quoique non raffiné et non fait encore,
quoique encore jeune et sauvage, sujet à des excès, à des
brusqueries, à des emportements qui ont dépassé ce que j'attendais en ce genre, un climat magnifique. Sans discuter en
ce moment ce que ce climat peut devenir, ce qu'à mon sens
il deviendra par l'effet du peuplement de l'Etat et de ses voisins du Nord, et quand on aura mis l'eau partout où elle

manque à la surface , avec des puits artésiens, — ce que l'on commence à faire, — ou , bien plus simplement et plus économiquement encore, au moyen de simples puits munis de pompes Franchot manœuvrées par le moulin à vent du même, — je le prends tel qu'il est et m'en déclare fort content. — Vous pouvez me croire, pour qu'après tout ce que j'ai souffert dans ce pays, et toute la prise que les conditions débilitantes où je me trouvais ont si longtemps donné sur mes nerfs à ses écarts, je ne l'aie pas en horreur et tienne en dégoût, au contraire encore, le souvenir de nos climats de pluie, de brume et de froid , de boues et d'humidité pénétrante, de mauvais temps obscurs, maussades ou détestables ; de beaux temps toujours douteux et presque toujours si courts, de rhumes, de rhumatismes , etc., etc., il faut que celui-ci soit en réalité singulièrement beau; — et il l'est.

VIII

J'arrive à la première des trois questions posées tout à l'heure, la seule qu'il nous reste à examiner : « Me suis-je » trompé moi-même , et dans quelle mesure ai-je trompé les » espérances légitimes que je vous avais données? »

Je ferai d'abord une observation , c'est qu'il y a dans mon livre deux parts : la part de ce que j'ai pu voir ou vérifier moi-même, et la part de ce qui m'est venu par informations que je ne pouvais pas même prendre directement et qui devaient m'être traduites. Ces deux parts sont séparées. Je vous ai dit ce que j'avais vu comme l'ayant vu ; je vous ai dit ce que j'avais appris par informations comme l'ayant reçu par informations et dans les conditions où celles-ci me venaient.

Pour la première part , je défie qui que ce soit de signaler la moindre erreur, pas même sur quelques minimes détails, desquels on a glosé, que j'ai donné pour des faits, qui étaient des faits , que je maintiens pour ce qu'ils étaient et dont je résoudrais aisément l'apparence de contradiction avec d'autres, acquis par l'expérience, s'il était nécessaire de s'y arrêter.

J'avais dit, par exemple, en décrivant les jardins du fort Worth et du fort Graham, — les seuls que j'aie eu occasion de visiter avec quelque information, — qu'en juin, et sans qu'on y eût mis de soins, ils étaient remarquablement exempts de mauvaises herbes, tandis que toutes les plantes utiles s'y développaient magnifiquement. D'autre part, nous avons eu, là haut, fort à faire avec la mauvaise herbe dans nos propres jardins. Les deux faits sont vrais. Ce qu'ils prouvent, — et ce qui est acquis par mainte expérience, — c'est que les mauvaises herbes demandent certaines conditions pour se produire, et qu'il arrive souvent qu'elles ne se montrent pas sur les premières cultures en terre vierge, tandis qu'elles se développent vigoureusement dans les suivantes. Ce que j'avais dit était vrai; ce qui s'est produit dans le grand jardin, — terres antérieurement remuées et cultivées d'ailleurs, — était également vrai; et j'eusses certes préféré, pour nos jardiniers, m'être trompé en affirmant l'inverse. Les deux faits sont opposés, ils ne sont nullement contradictoires. Un agriculteur de profession n'eût attribué aucune portée à celui que j'avais vu, et eût, à ma place, négligé ce détail, ou se le fût expliqué. Je n'en suis pas moins convaincu que les officiers des deux forts étaient ici aussi ignorants que moi-même et d'aussi bonne foi en me montrant le fait, que je l'ai été en le rapportant.

Sur les choses qui me sont venues par l'autre voie, ce que vous savez aujourd'hui suffit à vous montrer la part des exagérations texiennes. A mon sens, cette part ne porte sur rien de capital; sa correction n'a nullement à affecter un projet de la nature du nôtre, qu'elle ne touche sérieusement dans aucun élément essentiel.

Les changements survenus dans les conditions territoriales en mon absence, et dont je n'ai été informé qu'à mon retour en Amérique, ne constituent pas des erreurs de ma part. Ils appartiennent au contraire à un ordre de mouvement que j'avais signalé comme prochain, imminent, disais-je, au Texas; et s'ils se sont trouvés très-fâcheux pour nous, c'est beaucoup plus par suite des circonstances qui nous ont engagés si fortement et si inopportunément au cœur de la Réserve et des terres récemment appropriées dans son voisinage, que par leur effet propre et intrinsèque. L'accessoire, l'accessoire minime, le provisoire minime et sans importance, ne fût-il pas devenu, dès avant mon arrivée, le principal, et eussé-je eu le temps de chercher, de choisir et d'acquérir ailleurs, rien n'eût été sérieusement compromis, rien du tout.

Mais, sans reprendre ici des points suffisamment notés ci-dessus, je viens à l'affaire capitale, capitale surtout au point de vue du présent et de l'avenir qui se rouvre devant nous, et je l'entame par cette question : Vous ai-je dit, « Suivez-moi, » j'ai mon étoile. Je garantis le succès quoiqu'on fasse et » quoiqu'il arrive. Je dominerai toutes les circonstances. Le » succès tient à ma personne. Ayez foi en moi, je réponds » de tout. » Vous ai-je tenu ce langage? relisez mon livre. Ce qui est écrit est écrit ; *scripta manent.*

Non! Je vous ai présenté un plan étudié, détaillé, mûri, prévoyant et prédisposant point par point les opérations successives et progressives qui constituaient un procédé particulier, un système déterminé de colonisation ; un système qu'il dépendait de nous, de nous seuls, d'exécuter dans tous ses éléments essentiels et dont les conditions essentielles elles-mêmes étaient indépendantes de toutes circonstances extérieures. J'ai appuyé avec tant de force, de soins minutieux sur le développement logique de ces conditions, que j'ai cru devoir en quelque sorte excuser cet excès d'insistance et de rigueur en le justifiant et le sanctionnant par l'expression de son motif suprême, — motif si imposant, expression tellement formelle, tellement décisive et impérative elle-même, que j'ai cru celle-ci adéquate, et au delà, avec la garantie qu'elle avait pour objet d'assurer à l'œuvre commune. — « Une raison, disais-je, bien autrement puissante, prenez-y » garde, c'est qu'une méthode rigoureuse peut seule donner » aux révélations du bon sens, aux indications de l'instinct » valeurs de *règles,* de *lois impératives,* de *conditions for-* » *melles de succès,* que les instigateurs et les coopérateurs de

» l'œuvre prennent fermement dès lors la résolution d'obser-
» ver, et auxquelles *toutes les volontés acquises au concours*
» *sentent et acceptent elles-mêmes la nécessité de se soumettre*
» *d'un commun accord.* » (*Au Texas*, 2e éd., p. 105.) — Lisez
encore, si vous voulez, pour plus ample édification, les dix
lignes qui viennent dans le livre après ce passage.

Je n'avais donc, en aucune façon, attaché le succès à ma
personnalité, à mes forces propres et indépendantes, à ma
supériorité, à mon invulnérabilité, à mon étoile, enfin.

Ce à quoi j'avais attaché le succès, ce à condition de quoi
je l'avais promis, assuré, c'était un plan déterminé, élastique
sans doute, comme tout bon plan doit l'être, mais qui, pour
les débuts surtout, exigeait absolument le respect de ses conditions capitales. C'est à cela, et à cela exclusivement, que j'a-
vais attaché la garantie du succès.

Il y a plus: je l'ai déjà rappelé, et les dix lignes de mon livre dont je vous conseillais tout à l'heure la lecture suffi-
raient seuls à établir ceci, c'est que si j'avais avec le plus
grand soin déduit les conditions *positives*, c'est-à-dire voulues
pour le succès, j'avais tout aussi formellement signalé les *né-
gatives*, c'est-à-dire celles auxquelles, en tout état de cause, si
l'on s'y engageait, s'attachait la certitude de la confusion et de
la défaite. Eh ! n'en eussé-je pas si bien calculé l'effet d'a-
vance, la prévision de leurs conséquences ne m'eût frappé ni
si soudainement, ni si violemment; et ce malheur, d'un chef
paralysé dès l'ouverture de la campagne, n'eût point été
ajouté à tant d'autres causes de revers.

A des conditions *déterminées*, je vous ai promis la prospérité
de l'œuvre commune : à d'autres conditions tout aussi *déterminées*, je vous ai annoncé la déroute certaine. — En quoi me
suis-je ici trompé, et en quoi, ici, ai-je trompé vos espérances
légitimes, c'est-à-dire celles qui dérivaient de mes paroles ?

Nos espérances ne se sont point réalisées, cela est certain.
Mais mes paroles n'ont été que trop formellement confirmées
dans et par des circonstances dont je croyais avoir trop bien
montré à tous la portée funeste pour que je pusse, en m'em-
barquant à Ostende, en laisser derrière moi la crainte ; que

dis-je? pour que je pusse craindre qu'elles me devançassent même avant mon arrivée sur le terrain! Non, par malheur! je ne me suis pas trompé; pas plus que je n'ai trompé des espérances catégoriquement attachées à des conditions déterminées, — lesquelles ont été remplacées, en fait, par leur contradiction formelle.

On me dira que, puisque les événements qui devaient si certainement entraîner un début ruineux sont arrivés, et qu'après tout j'étais le chef du mouvement, c'est ma faute; que c'était à moi à avoir fait n'*importe quoi*, mais un *quoi* qui eût, *de facto*, prévenu ces événements. — Soit! j'ai déjà accepté cela; je l'accepte encore. Je suis responsable ici par ma position même, et seul responsable. Néanmoins, voici ce que je dis: je dis qu'en matière de responsabilité il y a, comme en toute autre affaire de ce monde, des degrés et des mesures. Cela dit, je n'ai rien à ajouter, car le reste vous regarde. J'estime, en effet, que vous avez en main, pour mesurer ici mon degré de culpabilité, des éléments qui suffisent; et le jugement à porter n'est plus, pour chacun, qu'une affaire de logique personnelle, de dispositions intimes et de caractère. Pour moi, — qui ne suis peut-être pas bon juge dans la cause, — vu l'exigé de la prudence dans les affaires humaines, et attendu qu'il y a à toutes prévisions des bornes légitimes, je suis si près de me donner à moi-même un bill de pleine indemnité, que ce n'est pas la peine de dire ce qui s'en manque. — Et j'avoue que je n'attends guère, de ceux auxquels je m'adresse et dont l'opinion m'est à cœur, un jugement sensiblement plus sévère.

Quoi qu'il en soit, le plus important pour l'avenir qu'il s'agit de reprendre, — et que nous ne devons reprendre qu'avec le même plan, — c'était surtout d'établir que ce n'est en aucune façon ce que je vous avais proposé, et ce que vous aviez adopté comme sensé et judicieux, comme bon et sûr, qui a échoué. Ce qui a échoué c'est, tout simplement, ce que la raison et cent expériences, dont j'avais cité les plus récentes, nous avaient, à vous en lisant mon livre comme à moi en l'écrivant, fait tenir pour absurde et ruineux.

Quant au plan proposé, il n'est pas atteint le moins du monde. Je dis plus : depuis trois ans qu'il est écrit, et après deux années et demie d'expérience du pays et des choses, d'informations et d'études sur un champ où la colonisation et le peuplement des solitudes sont en permanence sous toutes les formes, je n'ai pas une modification, pas une seule à faire à ce plan. Je le regrette en quelque sorte. J'aimerais à pouvoir vous signaler aujourd'hui quelque point faible et à en proposer la correction. J'ai toujours accueilli l'occasion de montrer ce bon sens de bonne foi et cette bonne foi de bon sens, qui coûtent tant, paraît-il, à certaines personnes, et qui m'ont toujours paru bien plus propres à mériter et à fortifier la confiance, qu'un aveugle et sot entêtement, exclusif de tout progrès sur soi-même, ou ces allures systématiques d'infaillibilité qu'affectent, petites ou grandes, réelles ou imaginaires, tant d'autorités en ce monde. — Ouvert à toute modification heureuse, tout prêt à en accepter de telles si quelqu'un plus perspicace ou plus compétent en présente, je n'en vois encore aucune à faire.

Ainsi, notre plan primitif n'est pas atteint. Trois années de réflexion, d'expériences des choses et d'études pratiques n'ont fait, à mon sens, que le confirmer. Pour notre raison du moins, à vous qui l'avez adopté, à moi qui l'avais conçu, c'est une satisfaction et un motif sérieux de confiance.

Si vous voulez, comme j'y compte, que nous marchions désormais en avant, nous n'avons pour réparer le passé et reconstruire l'avenir, qu'à continuer à rentrer autant que possible dans le plan convenu sur le point où la force des choses l'avait renversé, et à l'appliquer fidèlement, rigoureusement sur les champs nouveaux à ouvrir.

IX

Soit! me dira-t-on peut-être, et l'objection est légitime, soit! nous admettons que le succès eût couronné une exécution fidèle de ce plan et qu'il la consacrerait encore. Mais qui nous garantit cette fidélité d'exécution? Vous la vouliez il y a trois ans, comme vous la voulez aujourd'hui. Vous l'aviez proclamée nécessaire, indispensable, comme vous le proclamez aujourd'hui. Les circonstances ont traversé votre résolution, comme elles ont renversé la vaine barrière de vos remontrances : le même cas peut surgir. Où est la garantie?

La garantie? Cette fois je la donne, et je la donne à bon titre parce que je la tiens. Le même cas ne saurait se reproduire cette fois, parce que, cette fois, j'estime tout le monde *averti de telle sorte* qu'aucune espèce de cas possible, aucune considération de salut de personnes ou d'intérêt moraux de la Société ne me puisse faire dévier de la ligne.

Parmi tous ceux qui sont venus, lors des premières fournées, là-haut, il y en avait un, le pauvre garçon! envers qui j'étais armé. Celui-là m'avait écrit deux fois quand j'étais encore à Bruxelles, insistant fort pour partir promptement. Je lui répondis deux fois que ce n'était pas avant un an ou deux qu'il pourrait songer à venir et que je l'appellerais quand il serait temps. Malgré cela il partit. Il arriva, blessé au pied, traînant une haridelle qui portait ses effets et ayant dépensé presque tout son argent comptant. Je le connaissais dès son enfance. Il avait été, tout petit, élevé chez mon père et chéri de toute ma famille. C'était le seul des colons avec lequel j'eusse des liens aussi affectueux et d'aussi longue date. Il valait certes bien d'ailleurs, comme colon, la moyenne des autres; il avait un peu tenu la queue de la charrue; il avait laissé en Europe une liquidation aux soins de sa femme qui devait venir le rejoindre. — On annonçait d'autres personnes venant spontanément encore, de divers points, nous demander un toit et des avances de consommation. Si j'avais admis celui-ci, personnellement et itérativement prévenu comme il l'avait été, il ne me restait plus de raison, en logique de justice, pour refuser personne. — « Tu as reçu mes lettres, lui » dis-je? — Vous le savez bien. — Tu es venu malgré ce que » je t'y ai dit? — Que voulez-vous? je croyais... — Tu vas » partir d'ici à l'instant même. — Laissez-moi au moins quel- » ques jours; vous voyez l'état dans lequel je suis. — Pas

» une heure. Tu coucheras cette nuit comme tu as couché
» hier, dans la prairie; tu iras à Dallas; tu iras.où tu vou-
» dras : tu ne resteras pas ici. — Mais si je vais à Dallas j'y
» vais prendre la fièvre : dans l'état où je suis vous m'en-
» voyez à la mort! Vous, vous? oh! cela n'est pas possible! —
» Je t'envoie à ton sort; au sort que tu as voulu et que tu t'es
» fait. » — Il est parti désespéré. Il a failli mourir à Dallas;
et le fond est si bon que quelques mois après, retournant en
Europe, il est venu, aussi affectueux qu'au temps de son enfance, m'embrasser, me faire ses adieux et me demander mes
commissions pour mes sœurs. — Je ne sais s'il est des gens à
qui de telles exécutions sont aisées; celle-ci m'a déchiré le
cœur.

Mais voici ce que je sais : c'est que, désormais, et ne fût-ce
que par la publication de cet écrit, je tiens tous et chacun
pour ayant reçu *plus que deux lettres explicites de moi*, et
pour *mieux avertis* encore que ne l'avait été le pauvre Mique.
Je tiens qu'après de tels avertissements, il n'est plus aucune erreur, aucune légèreté, aucun aveuglement personnel, — quelque atténuantes qu'en soient ou en semblent les circonstances,
— qui puissent, à mes yeux et dans ma conscience, engager
les sentiments d'humanité, les intérêts moraux de notre Société, et commander ou excuser, fût-ce en présence de questions de vie ou de mort pour les personnes, des violations de
la règle ou de simples déviations de l'esprit des Statuts. Je sais
qu'après de tels avertissements, ceux qui s'exposeraient à
arriver comme des fardeaux, doivent compter qu'ils auront à
se porter eux-mêmes, et eux seuls; et que, afin de pouvoir
aider et servir l'établissement de ceux qui viendront dans
les conditions régulières et normales de la Société, et les
investir de la plénitude de leurs droits et de leur dû, il ne
serait pas détourné un fétu pour sauver de *n'importe quelle
misère* ceux-là qui, bravant des avertissements de cet ordre,
croiraient trouver auprès de moi un toit, une table, et des
ateliers nationaux ouverts pour eux aux frais des autres.

Je dis plus, c'est que la révolte de mon esprit contre des
démarches dorénavant aussi démesurément inexcusables me

douerait d'une parfaite insensibilité, et que les exécutions les plus cruelles par leurs conséquences, s'il s'en rencontrait à faire, ne me coûteraient plus rien du tout.

Tout ce que j'ai pu écrire, tout ce que j'ai pu dire des dangers certains d'une précipitation aveugle, des conséquences déplorables de toute pression tendant à obtenir des départs prématurés, allant jusqu'à les forcer, à les exécuter spontanément, sans attendre le signal de l'opportunité et l'initiative qui devaient partir du champ d'action ; tout cela a été vain. Je voulais, — c'est ici, je le répète, qu'a été ma faute, et que gît, à mon sens, toute ma responsabilité, — je voulais épargner à la fois à la Société tout échec, et aux personnes toute mauvaise chance ; et je croyais, dans ma simplicité, qu'il suffisait d'avoir aussi énergiquement que je l'avais fait signalé les conséquences de cette précipitation, évidemment destructive d'ailleurs du plan commun, pour qu'elle ne fût plus à redouter. Telle a été ma faute, — faute énorme dans ses résultats, dans ses conséquences, objectivement, et dont, subjectivement, dans son principe, dans son origine et dans les dimensions du cadre que chacun se fait de l'exigé de la prévision humaine, chacun peut peser le poids dans sa propre balance, — telle, dis-je, a été ma faute. Je ne la commettrai plus. Je change de système ; rien n'est plus simple.

Au lieu de tant recommander la prudence, de tant prêcher la nécessité, pour chacun, d'attendre son temps et le signal, dorénavant j'économise tout cela. Je me dispense de toute instance. Chacun est libre, chacun peut venir sans appel : la mer est ouverte, et il n'y a pas besoin de passe-port pour entrer au Texas. Seulement, je tiens chacun pour prévenu que la Société n'a d'engagement spécial avec personne, et que je ne me tiendrai moi-même pour lié que par les engagements directs que j'aurais pu prendre.

Je travaillerai à ouvrir et à préparer les conditions régulières et communes, comme c'était convenu. Je donnerai tous les renseignements utiles ; je ferai connaître progressivement l'état progressif des choses. Viendra qui voudra, sans mon avis, sans m'avoir exactement renseigné sur ses ressources,

ses facultés, le train de famille avec lequel on compte s'établir, et sans savoir si le moment, pour lui, est arrivé ; sans
savoir seulement s'il y a chance d'une place quelconque, possible pour sa position particulière et déjà ouverte par le cours
normal de la colonisation. Celui-là saura seulement, d'avance,
qu'il ne sera pas dérangé un fétu ni détourné un centime de
la ligne des intérêts généraux de la Société pour lui ouvrir le
moindre trou.

Il aura ses droits, tels qu'ils résulteront des actions dont il
sera porteur, s'il est porteur d'actions. Il aura l'usage de ces
droits dans la proportion et dans la nature de ce qui en sera
accessible à tous au moment de son arrivée. Il aura, en outre,
les conseils, les avis, les bénéfices de l'expérience acquise, les
avantages communs, la bonne volonté que l'Agence de la colonisation doit à tous et dont l'Agent exécutif n'a manqué envers personne, — ce n'est pas par défaut qu'il pèche de ce
côté ; — il n'aura rien de plus. S'il n'y a pas d'abri prêt pour
lui, eût-il en mains cent mille francs d'actions, il s'en fera un
ou il attendra son tour, et, jusque-là, il couchera dans la prairie. — S'il n'y a pas de travail où il puisse être sérieusement
utilisé pour les objets réguliers de la Société, et qu'il n'ait ni
ressources comptant, ni actions à se faire rembourser, la
rivière lui offrira à boire et il trouvera où il pourra crédit
pour manger. S'il tombe malade et qu'aucune âme compa-
tissante n'ait le loisir de lui donner des soins gratuits, ce n'est
pas aux frais de la Société qu'il en recevra ; et, fût-il dans
le cas d'un *rapatriement jugé nécessaire*, il n'aura pas, pour y
aider, une obole sur les fonds de secours. — Les secours facultatifs et couteux, de quelque nature qu'ils soient, seront exclusivement réservés à ceux qui, se subordonnant aux conditions
dictées par l'intérêt général de la Colonisation, n'auront
point forcé la consigne dictée par cet intérêt supérieur ; qui se
seront enquis ; qui ne se seront point attribué des capacités
de travail, des facultés et des utilités qu'ils ne montreraient
pas à l'œuvre, et qui, sur la description exacte et sincère
de leur position réelle et sur la communication des conditions qu'ils trouveraient prêtes pour eux, jugeant ces con-

ditions opportunes pour eux, auraient été régulièrement prévenus que leur arrivée est jugée opportune pour l'œuvre
commune elle-même.

Ce que j'entends par *régulièrement prévenus* c'est, — pour
les points à la colonisation desquels je presiderai directement,
— avoir mon assentiment direct, ou se trouver strictement
compris dans le cadre d'une instruction précise, émanant de
moi. Et ce que j'entends par *strictement* et par *précise*, c'est
que si, par exemple, je dis qu'il y a place et travail, à telles
conditions, pour *cinq charpentiers*, et qu'il en vienne dix ou
qu'il en vienne cinq avec accompagnement de femmes, de
filles, d'enfants ou de vieux parents, je me préoccuperai de
tenir lesdites conditions *pour cinq charpentiers.* Cinq des dix,
ou l'accompagnement, non convenu, de famille, tomberont
dans la catégorie des personnes venues à l'aventure.

Ce ne sont pas seulement les sentiments les plus élémentaires chez nous tous, qui nous doivent donner, et nous impri-
ment effectivement l'ardent désir, le violent vouloir si l'on
peut dire ainsi, de la réussite des établissemeuts particuliers,
du succès, de la conquête, du bien-être et du contentement
pour les personnes. Il est clair comme le jour, en effet, que
même abstraction faite des sentiments de bienveillance, d'humanité et de tous les liens sympathiques qui nous unissent, à
ne considérer que l'intérêt matériel, l'intérêt nu et cru de la
Société, les bases de celle-ci, coulées dans nos principes de
solidarité, sont telles que l'intérêt et le succès des personnes
sont les éléments intégrants et nécessaires, les seuls et vrais
éléments, les seuls moyens possibles du succès de la Société
elle-même. Et heureusement qu'elle a eu le principe de solidarité pour fondement !

Les conséquences de ces prémisses, tout aussi claires elles-
mêmes, c'est que les personnes qui auront consenti à attendre
les bonnes conditions de leur propre établissement, de la
prospérité de leurs propres entreprises, seront les vrais éléments de la prospérité de l'entreprise collective; que les
autres n'en peuvent être que des destructeurs; que les sacrifices faits pour adoucir la dureté de positions prises lé-

gèrement ou follement, ne peuvent être faits qu'au détriment de l'intérêt collectif et des intérêts particuliers bien méritant de celui-ci ; que ces positions fausses et ces faux sacrifices peuvent seuls mettre les intérêts personnels des deux genres aux prises les uns avec les autres et avec l'intérêt général (toute l'histoire de nos misères de là-haut, individuelles et collectives, est dans ce dernier membre de phrase) ; qu'il n'y a dès lors qu'une résolution à prendre et à tenir, c'est :

De proclamer, comme je le fais, la Société *irresponsable en dehors de ses Statuts ;*

De proclamer, comme je le fais, que tout individu qui viendra sur le terrain sans avoir en main des actions ou un papier régulier constatant la nature des conditions qui lui ont été exposées et qu'il a déclaré accepter, *signé de lui et à remettre entre les mains de l'Agent exécutif ou de ses représentants, sera, quel qu'il soit, traité en étranger,* ou, *suivant les cas, en intrus ;*

De proclamer, comme je le fais encore, que tout actionnaire qui viendra sans un papier du même genre, *n'aura droit qu'au remboursement de ses actions dans les conditions publiquement déclarées comme étant ouvertes alors à tous indistinctement ;*

De proclamer enfin, qu'il y aura aux yeux de la Société *deux catégories* d'immigrants, — ceux qui auront assuré, autant que la prévision humaine le peut faire, le succès de leur établissement par l'emploi des voies régulières, et qui, fourniront sur les lieux la preuve écrite de cet emploi, — et ceux qui seront venus à l'aventure ; — que tous, bien entendu, auront à s'établir à leurs frais, risques et périls ; mais que le temps disponible des agents de la Société, leurs soins spéciaux, tous les avantages facultatifs et les secours de la Société seront exclusivement réservés aux premiers.

La prospérité de ceux-ci, identifiée avec la prospérité collective, aura droit à tous les genres de concours possible. Quant à ceux de l'autre catégorie, *d'ores et déjà* la séparation est faite. S'ils réussissent, tant mieux ; chacun en sera heureux, et la Société elle-même y trouvera son compte. S'ils se compromettent ou se ruinent, tant pis, mais cette fois tant pis pour eux seuls. Leurs doléances, leurs récriminations, tous leurs discours sont annulés d'avance. La Société, du moins, n'aura rien à souffrir ni à supporter de leur fait. — Ils sont libres; mais ils sont prévenus que leur déconvenue peut aller, sans secours à recevoir et sans réclamation légitime à pouvoir émettre, jusqu'à la déconfiture, jusqu'à la mort.

Que n'ai-je, voyant plus à fond, pris dès le début cette attitude rigoureuse! Nos affaires seraient aujourd'hui en pleine prospérité et eussent déjà pu recevoir et caser à la satisfaction de chacun et de tous, à bien peu d'exceptions, et tous ceux qui sont venus trop tôt, et bien. d'autres qui aspirent à venir.

Quoi qu'il en soit, telle est ma réponse à l'objection très-naturelle et qui m'a été déjà plus d'une fois faite : « Dès que » vous recommencerez quelque chose, les mêmes circonstances » tendront à se reproduire ; comment les préviendrez-vous? » — Je ne les préviendrai pas. Je renonce à prévenir les circonstances ; je me borne à avoir prévenu les personnes, — et j'en prends acte, — que toute circonstance compromettante et funeste restera pour compte à celui-là qui l'aura produite.

Que si l'on m'expédie des marchandises dont je n'aurais pas demandé ou accepté l'envoi, — en pussé-je tirer parti, — pour la garde du principe *je les refuserai et les laisserai pour compte aux expéditeurs, — quels qu'ils soient.*

S'il m'arrive des personnes dans les mêmes conditions, — sauf le droit commun résultant d'actions dont on serait porteur et tel que ce droit serait alors ouvert, — *je laisserai pour compte ces personnes à elles-mêmes et à ceux qui les auraient expédiées, invitées, engagées ou recommandées,* — les uns et les autres se débrouillant comme ils pourront.

Tous les faits de ce genre seront immédiatement affichés dans la colonie où ils se seraient produits, et insérés au plus prochain *Bulletin.*

A ces conditions, arrive qui voudra, ou ce que l'on voudra, d'où l'on voudra et comme il pourra plaire ; je garantis que, de mon fait, ni la Société, ni ses membres raisonnables, ni moi, nous n'aurons plus à souffrir des conséquences.

A ces conditions, si elles vous agréent, — et cela me paraît certain,—je suis prêt, comme à l'origine, à reprendre l'œuvre de colonisation sous ma conduite, sous ma pleine responsabilité, et mieux préparé qu'alors sur la plupart des points où l'expérience se devait acquérir. — Que si, par impossible, il en était autrement, dans le cas où vous jugeriez fâcheux un temps d'arrêt, je me tiendrais à la disposition de la Société pour continuer à lui acquérir des terres pendant le temps nécessaire pour qu'on me trouvât un remplaçant et pour sa mise au courant ; car ces conditions, pour moi, ne comportent ni termes moyens, ni modifications d'aucune sorte. Dans leur principe et pour une affaire telle que celle-ci, elles sont élémentaires ; leur expression rigoureuse et leur exécution à outrance sont devenues nécessaires au succès de l'œuvre comme à la responsabilité de sa conduite, et il ne serait pas sincère à moi de laisser croire que, dans ce cas, je me tiens ouvert à la discussion de moyens meilleurs. Il n'y a pas, pour moi, lieu à rien mettre ici en discussion ; tout cela, au reste, est si impérativement commandé par l'expérience du passé, que j'eusse pu, je crois, en négliger l'observation.

Croiriez-vous une chose ? Vous connaissez maintenant ces circonstances où, pour plus de cent cinquante personnes venues sinon avec sagesse du moins avec des illusions de bonne foi, l'abandon eût été le désespoir, pour beaucoup d'entre elles une misère *usque ad mortem* peut-être, et pour la Société une déconfiture qui alors lui eût porté le coup mortel. Hé bien ! croirez-vous que pour avoir, dans ces circonstances, pris sous ma responsabilité d'employer en hasardeuses avances, en vue de fournir aux personnes des moyens d'existence et d'établissement, des fonds qui m'avaient été confiés pour préparer l'établissement de leurs bailleurs, et qu'après avoir expliqué cela, déduit les motifs et le caractère de cette résolution, les positions et les obligations qui en résultaient, croira-t-on, dis-je, qu'à moins d'une année de là, à mon retour d'Austin, je trouvai ces concessions exorbitantes, cette flagrante violation de l'esprit des Statuts de la Société, de leur principe, des conditions les plus formellement exposées tout le long du livre qui leur sert de base, toutes les énormités enfin que j'avais consenties pour éviter pis, érigées en état normal, permanent et en quelque sorte obligatoire du côté de la Société! et cela, quand il n'y avait aucune sorte d'obligation à pouvoir seulement demander de l'autre, et que, à défaut de toute garantie réelle, l'éventualité d'un *minimum* d'ordre, de travail utile, d'accord et de productivité, avait cessé d'être admissible, remplacée qu'elle était par l'aspect d'une ruine en marche? N'at-on pas prétendu me soutenir la *régularité* d'un pareil état de choses, sa conformité parfaite avec les Statuts et avec les vues d'un projet dont le principe subjectif, sans cesse ramené sous les yeux du lecteur, était que la colonisation *se fera aux frais, risques et périls des colons, et non aux frais, risques et périls de la Société*. Du reste, si l'état de choses dont on voulait le maintien était régulier, la pratique aussi en était très-satisfaisante; — et, bien que ceux qui eussent put être excusables de se croire intéressés à ce maintien, avaient, — c'est une justice à leur rendre, — le bonheur de le reconnaître impossible ou même de n'en vouloir délibérément plus, — le meilleur usage que je pusse faire des fonds de la Société était de continuer à les jeter dans ce gouffre, — si régulier et si satisfaisant!

Et croyez-vous que c'est tout? Non. Je devais encore mettre à la porte, chasser des lieux des personnes qui, seules à très-peu près, étant actionnaires, avaient des droits réels sur ces lieux, parce que, s'obstinant mal et méchamment à méconnaître ce que l'état de chose avait de régulier et de satisfaisant, celles-ci n'en voulaient pour rien au monde, se permettaient d'en parler avec fort peu de sympathie et réclamaient pour elles des conditions plus conformes à leurs goûts, aux Statuts et à la liberté promise! « Si l'on fait usage de notre argent, disaient ceux-ci, en avances d'établissement pour des personnes qui n'y ont pas droit, qu'on nous permette au moins d'employer ce qui nous en peut rester pour nous établir à notre guise. » C'était fort mal à moi de trouver ce raisonnement juste, cette prétention légitime, et de vouloir qu'il y fût fait droit. — Est-ce tout ? Non ; le bouquet, c'est qu'on me menaçait d'en appeler de mon méfait... à vous-mêmes !

Vous comprenez bien que je ne vous cite pas, moi, cette opinion pour m'en plaindre, pas plus que pour incriminer qui l'a pu professer : j'ai même tenu à rapporter le trait qui la couronne, parce qu'il exprime si naïvement la déraison que cela ôterait toute prise même à qui inclinerait à en chercher. Cette opinion est de celles que l'on n'a pas à combattre, mais simplement à écarter ; je la cite, et je pourrais signaler d'autres prétentions de divers genres, pour montrer ce que, aux accommodements les plus bienveillants et aux concessions le mieux constatées pour telles et les plus évidentes, on s'expose à récolter. Non, il ne se faut point exposer à la reconnaissance des concessions ; et les positions les plus raides, mais qui les évitent, valent mille fois mieux que de plus douces qui les nécessitent.

Au reste, — et ceci je le dois dire, car ne m'ayant plus sous les yeux il faut bien que je vous avise, — on ne traverse pas des épreuves comme celles que j'ai subies sans en sortir quelque peu différent de ce qu'on y était entré. Hé bien ! je dois vous dire que je ne me sens corrigé d'aucun de mes défauts réels (ou plutôt de ceux que je me reconnais) de tempérament, de caractère, de nature ; que, sur certains côtés qui m'ont valu des avis ou des plaintes, des invitations ou des sermons, je n'admets pas comme fondées les bases des critiques et maintiens délibérément mes dispositions. Le seul point où je sente un changement en moi, et ce sera un empirement aux yeux de tous ceux qui me trouvaient déjà entêté et trop entier dans mes idées, est une disposition très-décidée à l'être davantage. Il y a plus, c'est que je ne combats pas en moi cette disposition ; mon jugement approuve ici le changement survenu dans le caractère et l'appuie sur une formule dont je ne dissimule pas le peu d'humilité : il me dit qu'en faisant le compte de mes sottises, depuis l'âge de raison, j'en trouve une sur dix due à ma propre inspiration ; neuf pour avoir cédé, contre mon sentiment, à des opinions, des conseils ou des entraînements extérieurs, ou bien à des pentes que je n'avais point faites ; il ajoute qu'il est raisonnable de vouloir diminuer notablement la proportion de celles du dernier genre. — On me dira que je ne fais ici qu'un compte simple, et que pour qu'il eût, par la forme au moins, la figure d'un bon compte, il y faudrait joindre ce que de bons conseils m'ont évité de bévues. — Je réponds que j'ai été très-souvent dans ma vie éclairé par de bons conseils, mais que je ne pense pas qu'il me soit fréquemment arrivé d'en méconnaître de tels. Ce ne sont certes pas les lumières, les avis utiles ni les conseils en général que je me sens disposé à écarter. Quand j'ai une opinion, qu'on m'en offre une meilleure et que je l'adopte, je n'appelle pas cela céder. — *Céder*, c'est, par esprit de concession à une autre opinion ou à des faits dont on n'est pas le père, agir contrairement au sentiment propre qui vous reste, ou faire de celui-ci trop bon marché. Hé bien ! c'est ce verbe là que, dans toute la sphère de ma responsabilité, je ne me sens plus disposé à conjuguer à l'avenir. En d'autres termes, si je n'ai rien acquis du côté de cette *confiance en soi*, subjective, qui tire sa force d'elle-même, j'ai acquis un sentiment plus prononcé de la solidité de mon jugement, de la portée de ma vue, de la valeur de mon expérience, et, s'il faut le dire, en matière de *raisons comparées*, une supériorité réfléchie et très-décidée d'estime relative pour la mienne.

Une déclaration de *confiance en soi*, quand elle n'est pas ridicule, passe très-bien dans le monde. Déclarer la bonté de son jugement et sa croyance à la supériorité de sa propre raison sur beaucoup d'autres, cela a moins de chances, je le sais fort bien ; et si mon but était de chercher des chances ou de capter des suffrages j'aurais assez d'esprit pour m'en abstenir. Que ceux qui le jugeraient ainsi disent donc que l'orgueil me prend ; je le veux bien : qu'on dise ce que l'on voudra, mais que du moins je n'aie trompé personne.

En somme, on me trouvera beaucoup moins coulant qu'autrefois, et partout où ma responsabilité sera engagée en chef, c'est en chef responsable que j'agirai avant tout moi-même.

Cela devant constituer quelque différence dans nos allures, il fallait qu'on en fût prévenu, et j'estime que je vous en devais, en outre, livrer franchement la cause.

X

Vous avez maintenant, amis, sur le passé et sur le présent, aussi bien que sur le pays et sur les possibilités de l'avenir qu'on s'y peut faire, — si on le veut, — mon opinion actuelle, et vous avez en outre, avec les moyens de me juger moi-même, ceux de juger la valeur de cette opinion.

Pour ma part, je me sens complétement dégagé. Me voici rentré en communication avec vous, et j'y rentre avec mes amis les plus intimes, avec ma famille, avec le monde, dont je n'étais plus, et n'ai, vous m'en pouvez croire, nulle envie de vous engager à nouveau dans les déceptions, ni de m'y réengager moi-même ; j'ai payé les premières trop cher. Cela dit, je vais résumer mon opinion. Écoutez-moi bien.

Si, il y a trois ans, nous eussions connu ce pays-ci aussi bien qu'aujourd'hui ; si les tableaux climatologiques publiés dans mon livre eussent appartenu à des années même exceptionnellement excessives, accusé des froids plus soutenus et de quatre ou cinq degrés plus bas, tels que ceux de l'hiver 1855-56 ; si j'avais su et vous avais dit que les fourmis n'étaient pas le seul ennemi des cultures ; que les jardins avaient affaire à divers insectes — que le voisinage inculte multiplie, et qui diminue avec l'étendue et le développement des cultures ; — qu'il s'était vu que les sauterelles voyageuses s'abatissent en automne sur les blés levés et forçassent à renouveller les semailles ; enfin, si les défauts de ce pays avaient été mieux précisés dans mon livre que je ne l'ai pù faire en 1854, je vous demande si cela eût pesé d'un poids sérieux dans nos résolutions et entravé une entreprise de la nature de la nôtre ?

Est-ce que tous les états situés au Nord et au Nord-Est de celui-ci n'ont pas donné lieu aux plus beaux développements,

aux établissements les plus florissants des races européennes,
et y en a-t-il un, un seul, qui réunisse les conditions de climat, de salubrité et de fertilité qu'on trouve aisément combinées dans celui-ci, un seul qui approche de cette triple combinaison? Qu'on aille voir les hivers et les étés des États du Nord et de ceux de l'Est, si pleins, si prospères, si riches? et les printemps? Croit-on qu'on soit exempt des retours de gelées, tels que ceux dont nous avons été témoins cette année ici? Loin de là, ils sont plus à craindre et bien plus durs. Et les Etats de l'Ouest, qui marchent aujourd'hui si prodigieusement, le Missouri et ses voisins? Six semaines de *Northers*, comme ceux que nous avons vus ici en 1855-56, y feraient un hiver exceptionnellement doux et exceptionnellement court. En été, ce sont des chaleurs brûlantes, le plus souvent sans brises. Les jours y sont étouffants et les nuits fréquemment insupportables.—Pour autant, les Allemands, les Français, les Irlandais y affluent et le pays marche à pas de géants.

Non, certes! ces ombres imperceptibles, comparées à la largeur et à la beauté des lumières, ne nous eussent pas arrêtés, car nous ne sommes pas de grands enfants; et certes, encore, n'eussions-nous pas trouvé d'autres obstacles dans nos fautes, qui seules d'ailleurs ne nous ont pas permis de dominer ceux-ci, ils eussent été allègrement traversés et victorieusement combattus.

Que si, maintenant, les conditions territoriales de 1853 eussent été celles d'aujourd'hui, cela, encore, nous eût-il empêchés? Certes, d'immenses espaces libres, à choisir et à couvrir par des certificats, eussent ceux-ci été à 40 sous, c'était commode et bien tentant pour nos projets. Mais si je vous eusse dit que je pourrais vous acquérir de 40 sous à 80 sous, à 1 dollar et 1 dollar et demi, des terres toutes patentées, exemptes des frais de *location* et de *surveys;* que je pourrais vous réunir encore à ces prix de très-beaux espaces; si, au lieu de vous dire que, supérieur au territoire indien pour la fertilité, comme beau pays, le Texas lui était inférieur généralement; que la prairie y était même souvent très-monotone, etc.; si j'avais pu, au lieu de cela vous décrire, pour y avoir été et comme vous étant accessibles des vallées plus régulièrement, plus largement, plus classiquement belles encore que celles qui m'avaient tant charmé dans ce territoire indien ; plus prêtes encore pour le séjour de l'homme ; où jusqu'aux pièces d'eau, aux retenues, aux écluses et aux déversoirs, tout semble avoir été préparé, quelquefois même achevé par une prodigue et splendide nature ; où tous les matériaux nécessaires aux premiers besoins des établissements sont réunis sous la main, telles enfin que celle dont la propriété vous est déjà en grande partie acquise à un prix moyen d'environ 60 sous ; je vous demande si dans ces circonstances, qui sont la réalité d'aujourd'hui, vous auriez hésité d'avantage à vous engager dans la voie où je vous appelais ? — Non, certes.

Vous saviez qu'il y aurait de l'expérience à acquérir, des écoles à faire, des fautes à commettre ; je vous en avais d'ailleurs bien prévenus ; mais si nous avions pu penser que c'étaient précisément les grandes, les grosses, les lourdes fautes, signalées d'avance, qui seraient commises, alors vous ne seriez pas venus à ma voix, ou, pour mieux dire, je ne vous eusse moi-même certes pas appelés. Si nous avions su que cette expérience, — que nous devions acquérir en petite échelle, à petits frais, progressivement et sans rien hasarder de grave, — nous coûterait si cher en monnaies de tous les genres, nous n'eussions avec raison rien entrepris.

Mais maintenant que l'expérience est largement acquise, quelle que couteuse qu'elle ait été, le prix payé est chose faite ; il n'y a plus à y revenir, et je demande si ce qui eût été une raison légitime pour ne pas avancer, eût-on vu cela devant soi, en saurait être une pour s'arrêter maintenant que, mauvais pas, gouffre, abîme ou tout ce qu'on voudra, ce point de malheur est franchi et se trouve en arrière ? Et est-ce le cas de s'arrêter surtout si, nous arrêtant, le gouffre rappelle la proie qui lui avait échappé et s'en empare cette fois pour ne la plus lâcher, tandis qu'en avançant nous sommes certains de réparer toutes les avaries, et plus sûrs que jamais de saisir le but que nous voulions atteindre ?

Une question qui se pose dans ces termes à des hommes

est résolue. Elle le serait, dans ce pays-ci, par les enfants. Il n'y a pas un de leurs livres élémentaires qui ne contienne la leçon du *Pray again.* — « Tu n'as pas réussi? recommence! » — Si je n'ai pas été le roi des sots ou le plus effronté des imposteurs en vous proposant ce que je vous ai proposé en 1854, et vous, en l'acceptant, un troupeau d'imbéciles; si nous avons pu avec bon sens, alors, en concevoir et en décider l'entreprise, il y a certes, tout balancé, beaucoup plus de motifs et beaucoup plus de sûreté et de raison à continuer dans les circonstances actuelles, qu'il n'y en avait à cette époque à commencer.

Mais je parle de recommencer! Nous n'avons rien à recommencer. Pour moi, — lentement et dans les conditions que vous savez, — je n'ai fait que commencer ma tâche, ma tâche telle que je l'avais proposée, comprise, et telle que j'en avais pris charge. — Jeté, — fracassé, — dans un trou, rien de ce que j'y ai pu essayer pour en tirer nos affaires n'était dans mon programme. Il n'y a rien de commun entre ce qui s'est passé dans ce trou et ce que nous avions à faire. Ce que nous avions à faire, c'est ce que j'ai fait de ce côté-ci; c'est ce que j'avais commencé à faire en haut, avec MM. Henry, Bessart et Reverchon; ce que Cousin y fait aujourd'hui, et que, malgré les faits qui y avaient rendu la position très-compliquée, très-lourde et très-mauvaise de toutes les manières, il déclara très-aisé à exécuter.

Or, ce que j'ai fait vous a acquis de belles terres, à bon compte; ce que Cousin fait liquide inespérément votre passif et votre passé. — Que M. Henry, dont je viens de parler, eût attendu l'époque qui eût ouvert carrière aux diverses industries auxquelles il est apte ou habile; que MM. Bessart et Reverchon n'eussent été seulement précédés que par un état de choses tout ordinaire, et qu'à leur arrivée on eût pu leur donner, à moitié prix, sans tiraillements et sans les faire attendre, ce qui leur a été long, coûteux et pénible d'obtenir, ils auraient été fort contents; et certes, cependant, il n'eût pas été difficile, en situation normale, de faire mieux pour les satisfaire.

L'exécution directe du plan, ici, vous a donc préparé un champ très-beau, extensible, et qui vous serait depuis long-temps acquis en entier et ouvert, l'eussé-je pu attaquer dès l'origine avec toutes les forces et toutes les ressources du début. La rentrée, là-haut, dans les conditions de ce plan, a coupé court aux dépenses improductives et absurdes, arrêté net la ruine, débarrassé la position de ses derniers fardeaux et ouvert la voie aux opérations régulières, productives, et où la *responsabilité individuelle*, — base essentielle de *toutes les combinaisons admises par ce plan*, — jouera dorénavant son rôle.

A parler avec rigueur nous n'avons donc nullement à *recommencer*. Nous avons à prendre notre parti d'un accident, d'un coup qui nous avait frappés, d'un revers qui nous avait jetés dans un trou, et, hors de ce trou désormais, à continuer sur la voie déterminée et adoptée d'avance par notre raison, et démontrée bonne, aujourd'hui, par tout ce que l'expérience nous en a déjà appris.

Nous marchons maintenant d'un pas sûr. Dans le comté de Dallas, il ne s'agit plus d'immobiliser des fonds, ou plutôt de les enfouir dans des opérations improductives ; il s'agit d'y reprendre la valeur de ce qui y a été mis ; — et vous avez vu comment les nouvelles circonstances le permettent.

Quelles que soient d'ailleurs les circonstances sur ce point, qu'elles permettent plus ou qu'elles permettent moins, cela ne change rien, rien du tout, aux dictées du bon sens, lequel nous ordonne de chercher à retirer de là tout ce que nous pourrons en y faisant régulièrement ce que nous nous étions proposé d'y faire.

Sur ce point, la colonisation est ouverte. Nous y possédons des terres, du bétail, des bois, des approvisionnements, des champs défrichés et *fencés*, des jardins en plein rapport, etc., et nous y avons des colons domiciliés. Cousin pourra bientôt envoyer en Europe un cadastre régulier, avec les prix cotés des terres, et faire connaître les conditions offertes aujour-d'hui aux établissements nouveaux. Que l'on s'entende à ce sujet ; qu'une série de lots de ville, de champs sous *fences*, de prairies, etc., soit mise en vente à ces premiers prix ; que des actionnaires disposés à émigrer, ou à envoyer des fermiers à leur compte, en voulant seulement prendre des garanties immédiates, certaines, par une possession déterminée, aient la faculté de payer ces lots par amortissement d'actions *à primes*, ou par remboursement d'actions *à dividendes ;* et que l'on marche dans cette voie ouverte de manière à y ajouter bientôt de sérieuses augmentations de valeur, de notre fait, à celle que le peuplement naturel du comté de Dallas et les progrès rapides du pays ambiant donnent tous les jours à nos possessions dans cette localité. Ici nous n'avons pas *toute* la plus-value à faire ; faisons-en seulement, pour notre part et sur nos terres, autant que le mouvement environnant leur en apporte journellement lui-même, et je suis content.

Là donc, nous sommes prêts, et c'est à nous d'y faire le sort de nos affaires. Qu'il n'y vienne seulement que des responsabilités personnelles, — directes ou par représentation ; — que les individus s'établissent soit isolément, soit à des degrés quelconques d'association, — pourvu que ce soient des associations de convenances réciproques et de responsabilités particulières, aux frais et au compte de leurs propres membres, et non à ceux *du gouvernement,* — à ces conditions elles pourront fort bien réussir et prospérer. En tout cas, étant autonomes, elles seraient toujours libres de prendre tel parti qui leur conviendrait à l'expérience. L'association à aucun degré n'est absurde. Ce qui est absurde à tous les degrés c'est l'association sans ses conditions requises ; et ce qui l'est plus encore, c'est l'association dans ses *contre-conditions.* Mais, brisons sur ce point, qui n'est pas la question du moment et qui sera repris en temps et lieu. — La seule chose à dire ici, non pour l'apprendre mais pour la rappeler, c'est que toute combinaison, telle absurde soit-elle, est parfaitement libre de se mettre en pratique dès qu'elle a ses partisans et que ceux-ci la réalisent à leurs propres frais. Ce que je n'admets pas, c'est que l'on concède à la marotte des uns le droit de ruiner les autres.

Bref, les choses rentrées dans leur état normal, nos terres

du comté de Dallas se peuplant, les opérations étant désormais sans frais ou du moins sans frais improductifs ou hasardés de ce côté, il n'y a qu'à me mettre, par des crédits suffisants, en état de compléter les acquisitions que j'ai commencées et de saisir les bonnes occasions d'en faire de nouvelles. Et ici encore, qu'avons-nous à craindre? Armons-nous seulement des moyens de faire assez de ces acquisitions, et, dût tout ce que nous devons posséder devers Dallas être englouti par un tremblement de terre, je vous promets que sous un temps peu éloigné la perte vous en serait, financièrement, peu sensible.

Indépendamment du bon effet déjà signalé que la levée inespérée de la réserve a eu pour nous, la rupture récente de cette ceinture de 150 milles de large sur plus de 300 de long, qui serrait le Texas par le ventre, n'a pas laissé que de donner beaucoup de jeu à la respiration et aux opérations territoriales. Avec les autres circonstances ci-dessus déduites, celle-ci contribue à nous *rendre accessibles, à de bonnes conditions, du golfe à la rivière Rouge, de très-beaux espaces* où tout ce que nous avions voulu redevient possible.

Dans cet immense territoire encore désert, où et que faudra-t-il choisir? La place ne manque pas entre ces deux lignes nord et sud, et du 97° de longitude au 103°. Mais je ne parlerai pas plus, cette fois, des vrais choix à faire, que je n'avais parlé, il y a trois ans, de l'objet que je convoitais par-dessus tout pour vous, — objet que bien peu encore aujourd'hui connaissent, et que, sans notre chute du premier pas, il eût *peut-être* été possible d'avoir ! et d'avoir presque pour rien, par-dessus le compte !

— A ce propos je dois dire que, reprenant la direction du mouvement, il ne faudra pas s'attendre à trouver dans les *Bulletins,* pour tout ce qui sera dans ma sphère d'action, des aliments à la curiosité et même à l'intérêt qui m'y paraîtraient déplacés ou encore inopportuns. Nos positions dans le passé ont toutes été fausses, et la gérance a bien été obligée, pour soutenir les esprits et faute de meilleurs moyens, de donner communication de négociations en projets ou en voie d'exécution, qui seules permettaient sérieusement d'espérer quelque chose, mais dont la divulgation prématurée pouvait être très-compromettante ou payée fort cher, et que, certes, en état normal, elle se fût bien gardée de livrer à l'impression.

Dans les conditions nouvelles, — qui seront normales, — il n'en sera plus ainsi. Ce qui ne pourra pas être dit sans nuire à nos intérêts, ne sortira pas avant son temps de la correspondance intérieure et confidentielle. Je me réserve de faire au besoin toute la partie des nouvelles d'un *Bulletin* avec ces trois mots : « Tout va bien. » Quand je vous adresserai ces trois mots vous me croirez, et, pour être si sobre, un tel *Bulletin* en pourrait valoir bien d'autres.

Il est, pour le choix des grands emplacements, des conditions diverses à considérer, cela va sans dire. Parmi ces conditions je compte celle des intérêts des emplacements que nous possédons déjà, et qu'il deviendra d'autant plus aisé de servir que nous pourrions agir plus largement. Nous tâcherons de bien peser tous les éléments de cette importante question, et, ce qu'il est inutile d'ajouter, c'est que je suis mieux à même aujourd'hui qu'il y a trois ans de travailler à le bien résoudre.

Dans les termes actuellement possibles et sur une échelle suffisante, les acquisitions territoriales constitueront, à tout événement, d'excellentes affaires. Il n'y a pas l'ombre d'un doute à cet égard.

D'autre part, quand les terres seront ouvertes à la colonisation, les frais de préparations faites dans les conditions régulières ne pourront jamais constituer de pertes pour la Société, puisqu'ils seront avancés pour des personnes qui les rembourseront, soit en actions, soit en numéraire, et au fur et à mesure des besoins et du peuplement.

Dans les conditions du plan, dont on ne sortira plus, il ne reste d'aléatoire que des bénéfices pour la Société, et je ferais voir aisément, si j'avais à traiter ici des détails d'exécution, comment, en opérant les préparations et les approvisionnements *très-économiquement pour les membres immigrants*, la Société peut et doit se réserver encore de très-beaux bénéfices sur ces branches, — sur les préparations principalement, car, en principe, ils doivent être légers sur les approvisionnements proprement dits.

Mais laissons les détails et toutes ces questions qui se ré-solvent aisément d'ailleurs par les principes du plan et des Statuts, auxquels nous n'avons qu'à revenir et où je renvoie pour toute solution particulière. Ici et aujourd'hui je n'ai qu'un but, c'est de savoir si nous devons serrer les rangs et marcher en avant, — ou plutôt, car je ne doute plus de vous, amis, — mon seul but actuel est de vous crier : Levons-nous et marchons! — et je vous entends d'ici répondre en écho, marchons !

XI

J'aurais voulu, — je l'aurais sincèrement voulu et ce n'est pas une vaine formule dans ma bouche, — qu'un autre que moi, ayant sur vous une vieille influence, ayant mon expé-rience, — laquelle serait d'ailleurs au service de quiconque pour nos affaires, — et n'ayant pas été touché comme moi par l'aile noire du sort, pût aujourd'hui vous faire entendre le cri de ralliement. Je le voudrais encore, quelle que soit la joie avec laquelle, — pour les diriger cette fois sur le but pro-chain, sur le but que nous touchons et dont nul obstacle in-termédiaire et nul inconnu ne nous sépare plus,—je concentre aujourd'hui de nouveau nos volontés et nos efforts. Je le vou-drais, pour que rien, même dans les esprits superstitieux et timides, ne pût altérer la vigueur et le parfait ensemble de ce mouvement libérateur et vengeur.

Eh bien! puisque c'est le même qui doit ici donner encore et commander la manœuvre, laissez-le vous rappeler que la superstition de la défaite essuyée est, de toutes, la plus pué-rile et la plus absurde. Laissez-le vous rappeler que mille fois, dans l'histoire des efforts et des combats de l'humanité, la fortune et la victoire, quand elles ont eu affaire à la volonté et à l'intelligence qui calcule les moyens de vaincre, ont re-levé les bonnes causes des plus désespérés revers. Il n'y a pas plus ici de canon et de bataille, que de Bonaparte et d'Autrichien ; rappelez-vous cependant, l'exemple est bon, que malgré le plan de campagne le mieux combiné et les calculs les plus rigoureux, la première moitié de la journée de Marengo avait mis Bonaparte en pleine déroute, et qu'une circonstance heureuse et soudaine, heureusement et soudainement mise à profit, lui a livré la seconde moitié de cette journée fameuse, et avec cette seconde moitié l'Italie conquise et l'Autriche à merci ! Rappelez-vous... Mais je ne veux pas vous faire l'énumération des retours heureux de la fortune dans les affaires de ce monde ; ce serait un cours d'histoire universelle et surtout de philosophie de l'histoire de la persévérance humaine. Non ! rappelons-nous seulement notre but, ce que nous avons voulu et entrepris en commun, et ce que nous pouvons maintenant saisir. Je vous ai convié, pour vos idées et vos existences, à une patrie jeune, grande et libre. En dépit des déceptions et des malheurs d'un passé enterré, je vous crie qu'elle est là, cette patrie ; que j'y suis et qu'elle vous attend, jeune comme la nature vierge de ses belles vallées, grande comme l'horizon de ses prairies, libre comme les daims de ses forêts, comme les flots qui y amènent, comme les brises qui ondulent ceux-ci, — et quelquefois sans doute aussi comme les bourrasques qui les irritent ! — Mais cherchez donc, dans l'état actuel de ce monde sublunaire, un ciel toujours serein et un climat sans orages ! Et que sont-ils, les troubles et les orages de la constitution américaine et de la liberté jeune et un peu sauvage encore, à côté des tempêtes, des tremblements et des épouvantements dont la vieille Europe, à mesure qu'elle en met bas, se montre d'autant plus pleine ?

Croyez-moi ! croyez-moi toujours, croyez-moi mieux que jamais, puisque, *malgré et quand même*, je vous dis encore : Venez ici ! — Mais préparez-vous à venir grandement, largement, délibérément, nombreux et bien munis, — autrement ce n'est pas la peine.

Je vous ai dit les conditions des choses ici et ce qu'il y a à y faire. Les autres conditions sont en Europe et dans vos mains.

Il faut, en balançant le temps perdu, les fonds mal dépensés, l'expérience gagnée, la rentrée en bonne voie, la preuve formelle que la voie est bonne, les acquisitions heureuses et les heureuses circonstances, la sûreté de l'avenir, — enfin les accidents heureux et les accidents funestes, il faut, dis-je, tout cela balancé, convenir et tenir,

Que nous commençons aujourd'hui, et que nous commençons au pair, dans des conditions éprouvées, connues et sûres, mais avec nos premiers fonds faits immobilisés pour un temps; — Qu'il y a lieu, tant pour dégager le plus avantageusement ceux-ci que pour poursuivre l'œuvre proposée, d'en refaire le plus tôt possible et à nouveau au moins le montant.

— Il faut en outre reconnaître ensemble et tenir,

Qu'il n'y a plus, dans l'état actuel des choses, de motif excusant la désertion de ceux qui, s'étant engagés à un concours sur lequel les autres auraient eu le droit de compter, persisteraient, sans motifs particuliers et légitimes, à ne point faire honneur à leur promesse; et, en conséquence, que ceux qui ont rempli leurs engagements, même quand le temps était fort sombre, invitent chacun à faire comme eux maintenant que le ciel est clair.

Ces deux conditions accueillies comme je l'espère, leurs conséquences, je le tiens pour bon, ne tarderont pas à nous amener d'elles-mêmes et sans qu'il nous y faille de nouveaux efforts, des ressources abondantes.

Nous convenions, disais-je, que *nous commençons*, dans de bonnes conditions, connues, sûres, et *au pair*.

Deux conséquences sortent naturellement de cette position prise :

1º Toutes les séries *d'actions à dividendes*, émises jusqu'ici, doivent être égalisées entre elles et assimilées à la première à ouvrir; et il convient d'assimiler entièrement celle-ci à l'ancienne première, en rétablissant pour elle toutes les conditions qui avaient été ouvertes à l'autre. — Agir autrement serait puéril, et il n'est pas à ce sujet de parti plus favorable aux intérêts de la Société et des souscripteurs le mieux en règle de l'ancienne première série elle-même; cela est évident,

2° Le système de l'anticipation des intérêts au lieu d'un règlement en argent comptant, doit être prorogé jusqu'à nouvel ordre. Nous avions pris une date de trois années, au bout desquelles il était raisonnable d'admettre que la colonisation commencerait à produire de l'argent comptant. Ceci ne s'est point réalisé, et puisque nous devons assimiler l'état présent au vrai commencement, nous devons nous montrer logiques avec cette résolution.

Il serait souverainement absurde, en vue de distribuer des bribes insignifiantes pour chacun, d'imposer de fortes saignées périodiques, semestrielles, et qu'on ne pourrait plus guère arrêter une fois commencées, à un fonds qu'il est du plus haut intérêt de tous de voir accroître en ce moment, — et dont il ne peut convenir de tirer une rente et un produit que quand il aura atteint lui-même sa productivité.

A la fin de cet hiver on m'a ramené mon cheval, d'un rancho où je l'avais mis, mangé de parasites, décharné, ruiné, abattu et aux trois quarts mort, — à peu près comme alors encore son maître et comme alors aussi nos affaires. Mais je savais que la bête avait un excellent fond, et, au lieu d'exiger qu'elle fît son service, je l'ai mise au repos, baignée moi-même et étrillée tous les jours; je lui ai donné du foin aussi bon que j'en ai pu trouver, du sel, du soufre et force maïs, — quoiqu'il fût cher. — A ce régime, la bête a repris et m'a bien fait déjà notre dernière expédition aux *Canons*. A l'heure qu'il est, elle a regagné en plein sa force et son ardeur, et, le temps seulement de recopier ce Rapport, Domingo, bon train cette fois et sans qu'il s'en ressente, va me mener à nouveau du même côté et plus loin, où j'ai à faire.

L'histoire de mon cheval est textuellement la nôtre. Or, ce qui révolterait le bon sens dans une petite affaire, n'y saurait devenir conforme par le seul fait de l'application à une grande. — Il n'y a pas deux sortes de bon sens, *il n'y en a qu'une ;* — c'est là, en affaires, un secret aussi simple et aussi fécond qu'il paraît souvent encore peu connu, peu appliqué ou peu compris. — Je crois donc pouvoir tenir que c'est bien convenu : nous ne tirerons pas de sang à la bête quand, pour nous porter au but, son état réclame impérieusement, au contraire, que nous nous empressions de lui en refaire.

Il est toutefois une chose à dire, ou plutôt qui va sans dire : les actions *à primes* ont été créées avec cette garantie qu'elles toucheraient régulièrement leurs intérêts et seraient couvertes contre toutes chances. Il ne peut être question d'appliquer à celles-ci le principe déduit tout à l'heure. Ce sont ici dettes contractées et qu'on acquitte quand même à l'échéance, à moins que les créanciers n'offrent des délais. J'en dis autant pour le petit nombre des actions *à dividendes*, qui ont demandé un payement d'intérêt en argent dès le début, parce que celles-ci, dans la généralité des cas, doivent correspondre à des situations personnelles pour lesquelles cette rente d'intérêts entrait dans le budget annuel de nécessité d'existence. Ici donc encore, et quoique toute action *à dividende* ait accepté toutes les chances de l'entreprise, il y a dette, — dette consciencieuse, il est vrai, mais, aussi impérative pour nous qu'une dette contractée.

XII

J'ai fini. A chacun de vous de prendre sa décision personnelle dans ces conjonctures, et d'en donner avis à la Gérance, pour que nous sachions bientôt, vous tous et moi-même, sur quoi nous devons compter. Quelle que soit sa résolution, il y a lieu pour chacun, — c'est un devoir envers tous les autres et envers l'œuvre collective, — *à en transmettre communication sans perdre un jour*. Vous connaissez la situation et pouvez apprécier chacun le prix du temps.

J'ai fini, dis-je, pour cette fois du moins. Je ne sais si tous, sans exception, vous répondrez comme je le désire à cette parole ressuscitée de la tombe, que vous étiez accoutumés à entendre, que vous aimiez et qui s'est tue si longtemps pour vous et pour tous. Mais ce que je sais, amis, ce que je sais parfaitement, c'est que si j'étais près de vous, si je pouvais parler à chacun, résoudre toutes objections que je ne puis prévoir toutes, donner sur tous les points toutes les explications que chacun en particulier me pourrait demander ; — ou mieux encore, si je pouvais vous transporter tous ici pour un jour, vous parler à tous et vous montrer à tous ce que j'ai déjà fait voir à quelques-uns, je l'ai déjà dit, pas un n'hésiterait, pas un seul, à prendre une détermination aussi entière et aussi absolue que possible.

Ce que je sais encore, c'est qu'il y a tant de motifs puissants, tant de raisons convaincantes et décisives dans le parti où je vous appelle, que tous ceux qui se sentent enclins à m'écouter et à s'y engager, le peuvent faire résolûment et sans crainte, assurés qu'ils se peuvent tenir d'un concours de la part des autres, suffisant du moins pour que nous soyons en état de très-bien faire, dussions-nous ne pas pouvoir faire le mieux possible.

Je termine enfin en pressant toutes les mains qui me sont chères ; en priant, — ce que je tiens pour accordé, — tous ceux qui m'ont écrit et à qui je n'ai pas répondu (je ne l'ai fait pour personne encore, pas même pour ma famille) de me pardonner et de se dire que leurs lettres affectueuses ont été au moins des baumes sur des blessures, répétant à tous aussi que je suis rentré en communion avec les vivants, et particulièrement avec ceux qui m'aiment. Écrivez-moi donc maintenant ; adressez-moi, sur tous les points où des apaisements vous seraient nécessaires, des questions régulières : vous aurez maintenant des réponses. Au revoir donc, amis chers, et cette fois, je l'espère bien, pas pour si longtemps.

V. CONSIDERANT.

San Antonio, 8 août 1857.